크리티컬 매스

1퍼센트 남겨두고 멈춘 그대에게

Critical Mass
크리티컬 매스

백지연 지음

4천 년의 선물

남들은 모두 뛰어가는 것 같은데 나만 걷고 있는 것 같아서, 혹은 나만 주저앉아 있는 것 같아서 두려울 때가 있다. 그러나 사실, 정말 두려운 것은 내가 도대체 어디로 달려가고 있는가 하는 것이다.

영화감독 장진이 〈피플 인사이드〉에 나와서 자신이 써놓았던 메모를 소개하는데 그중 나를 소름 끼치게 한 구절이 있었다. "도착해보니 지옥이었다. 여기까지 오는 동안 너무나 많은 추월을 했다."

나만 두려울까? 아닐 것이다. 서 있는 위치와 처해 있는 상황에 따라 종류만 다를 뿐 누구나 미래, 어떤 시간에 대한 두려움이 있을 것이다. 그래서 저마다 해답을 줄 절대자를 찾거나 조언해줄 그 누구를 갈망한다.

정말 감사한 일은 내 직업이 인터뷰어라는 것이다. 나는 멘토나 롤모델을 찾아다니거나, '만나주세요'라고 말할 필요가 없었다. 내 직업의 현장인 스튜디오, 내 자리에 앉아서 정말 다양한 직업과 연령의 사람들을 마주할 수 있었다. 생김새가 다르듯 그들은 사물을 바라보는 시선도 다르고 삶의 굽이굽이를 넘어가는 방법도 달랐다. 제도권에서 공부한 햇수와 상관없이 지식의 깊이도 달랐고, 무엇보다 지혜의 깊이는 천차만별이었다. 학위와 독서의 양으로 승부를 보는 사람도 있었지만, 본능적인 통찰력, 혹은 누군가의 표현대로 시원적 통찰력을 가진 사람도 있었다. 때로는 그들의 본능적인 통찰이 등줄기를 서늘하게 하고 속을 시원하게 뚫어주기도 했다.

내가 만난 사람들의 삶의 무대도 전 세계에 걸쳐 넓고 넓었다. 독서는 앉아서 하는 여행이고 여행은 걸어 다니면서 하는 독서라면, 나는 한 명 한 명을 만날 때마다 그가 평생 한 독서와 여행의 축약을 인터뷰를 통해 엿보곤 했다. 한 사람을 만날 때마다 단 한 가지라도 '아!' 하는 것을 찾아내면 소름 끼치도록 행복했다. 물론, 단 하나의 '아!'도 주지 못하는 사람도 있었다. 모든 편견과 사심을 모조리 걷어내고 들어도 그럴 때가 있다. 그럴 때면 헛농사를 지은 듯 쓸쓸하고 허전했다. 그러나 많은 순간, 나는 인터뷰를 하다가 전율하곤 했다. 환희에 들뜨기도 했다. 그들이 경험에서 농익어 흐르는 지혜를 툭! 흘릴 때 내 오감은 반응하기 시작했고, 통찰력 배인 생각의 한자락을 풀어놓을 때는 이 세상에 없는 보석을 찾은 듯 흥분하기도 했다.

인터뷰어란 직업으로 일해온 시간이 이십수 년이 쌓이고 만난 사람들의 숫자도 수천 명쯤에 이르게 되니, 나는 내 직업이 축복이란 생각을 넘어 자못 숭고하게까지 느껴졌다. 동시대를 사는 사람들의 정신을 아카이빙(archiving, 파일 보관)하고 있다는 사실을 깨달은 것이다. 그리고 내가 느낀 그 무엇을 담아두어야겠다는 생각도 들었다. 누구나 목이 마를 때 찾아와 갈증을 달래기도 하고, 영혼이 공허하거나 심장이 차가울 때 그것을 다시 덥히기도 하는 샘 같은 것을 만들 수 있지 않을까 생각한 것이다. 나는 안다. 만들기가 힘들어서 그럴 뿐, 잘만 만들어두면 정말 많은 사람들을 구할 수 있다는 것을. 그래서 그 옹달샘을 만드는 것에 대해 오래도록 고민했다.

우리 집 앞에는 260여 년 된 은행나무가 한 그루 있다. 나는 가슴에 공기를 넣어줄 필요가 있을 때면 그 거대하게 치솟은 은행나무 앞에 서 있곤 한다. 말로만 전해 듣던 한국전쟁도 겪고, 일제강점기도 겪었을 나무를 바라보면서 이 나무 앞을 지나쳤을 지나간 시간의 사람들을 생각해보는 것이다. 삶의 시작과 끝이라는 숭고한 사이클을 완성하고 과거의 시간에 묻힌 그들은 현재를 살고 있는 내게 무슨 말을 건넬 수 있을까.

Whatever is has already been,
What will be has been before.

지금 있는 것은 옛적에도 있었고,
미래에 있을 것도 이미 옛적에 있었으니.
(Ecclesiastes, 3장 15절)

지금으로부터 2,500여 년 전, 플라톤은 정의란 무엇인지, 국가란 무엇인지에 대해 철학적으로 사유했지만 2010년대를 사는 인간들은 아직도 그 정답을 찾지 못하고 있는 것 같다. 마이클 샌델이 던진 질문에 전 세계 독서인들이 열광하는 것을 보면 말이다. 그 또한 정답을 주지는 않았다. 그도 소크라테스처럼 묻고 또 물으며 '네가 네 답을 찾아봐' 하는 것이다. 어쩌면 지금으로부터 다시 2,500여 년이 흐른다 해도 그 미래의 인간들 역시 현재의 우리처럼 정답을 찾지 못할지도 모른다.

사실 나는 이 지점에서 솔직히 절망할 뻔했다. 그러나 다시 생각을 돌려보니 오히려 환호할 수 있었다. 왜냐고? 역사는 되풀이된다는 말이 맞는 것 같았기 때문이다. 책에 기록될 거창한 역사만 되풀이되는 게 아니다. 인간이기 때문에 인종과 성별을 넘어 사람들은 비슷한 패턴을 되풀이하며 살아간다. 인터뷰를 하며 수많은 현자들과 대화하면서 가끔씩 소름 돋을 만큼 절실히 확인하고 또 확인한 것은 인류에게 가장 궁극적이고 중요한 핵심 진리는 몇 가지 되지 않는다는 것이었다. 그 몇 안 되는 궁극적 진리만 제대로 깨달아도 인생을 지혜롭게, 그만 복닥거리면서 때로 여유롭게, 두려워하지 않으며 살수 있지 않을까.

인터뷰는 나와 동시대를 사는 사람들만의 아카이빙이지만 시간의 범위를 확장한다면 더 검증된 지혜를 찾을 수 있을 것이다. 그래서 나는 마음에 울림을 준 인터뷰이를 만날 때마다 과거 수백 년 전, 혹은 수천 년 전 그와 비슷한 생각을 했거나 삶을 살았거나 혹은 같은 내용의 말을 표현만 달리한 사람들을 찾아가보곤 했다. 과거와 현재라는 시간을 관통하는 진리를 찾고 싶었던 것이다. 정말 흥미로운 만남이었다. 현재의 내 삶을 반추해보는 한편, 앞으로 다가올 시간들과 관련해 다양한 생각의 지점을 찾아볼 수 있었다. 100명의 이야기만 들여다보아도 그들 각자의 인생 햇수(〈피플 인사이드〉에서 인터뷰한 인물들의 평균 나이는 40세였다)를 생각해보면 수천 년의 지혜의 선물을 받는 셈이 되는 것이다. 문득 내 입에서 이런 말이 흘러나왔다.

'4천 년의 선물!'

잠깐만 멈춰 서서 생각해보자.

우린 왜 뛰고 있는 걸까? 세상이 모두 달리니까 나도 정신없이 끼어서 뛰고 있는 건 아닐까? 어디로 가는지도 모르는 채 말이다.

세상이 혁신革新, 혁신 외치니까 무엇을 어떻게 변화시켜야 하는지도 모른 채 한자 그대로의 뜻에 충실해 내 가죽을 벗기며 아파하는 건 아닐까?

'지식의 시대'라며 지식이 화두가 되니, 급하게 다이제스트라도 찾아다니지만 지식의 파편만 줍고 다니는 건 아닐까? 파편을 뭐에 쓰려고.

우린 지금 혼란에 빠졌다. 너무 많은 것의 홍수다. 여기저

기서 '이렇게 해라! 저렇게 해라!'라고 외치지만, 외치는 그들도 잘 모르고 있지는 않을까? 잠깐만 멈춰 서자. 정말 내가 필요로 하는 지혜의 말이 어떤 것인지 조용히 귀 기울여보자. 현재를 만든 과거의 시간으로부터, 현재를 살고 있는 수많은 사람들로부터. 시간의 수직축과 경험의 수평축이 만나는 그 지점을 찾아가보자. 그곳에 내가 진짜 찾고 싶었던, 드디어 내 갈증을 채워줄, 앞으로도 내 생명수가 되어줄 그 옹달샘이 있다. 이 책은 그 옹달샘을 찾아가는 길이다.

노할 것인가 | 당신 삶의 무대를 넓혀라 | 관심을 기울이고 참여하고 행동하라 | 불만이 영혼을 일깨운다 | 정당한 분노의 대상을 찾아 창의성을 펼쳐라 | 백지연이 당신에게 보내는 편지

Critical
Mass

1장
크리티컬 매스를
만들라

그들에게
박수를 보낸다

세상엔 분명 천재들이 있다. 레오나르도 다빈치, 뉴턴, 아인슈타인, 에디슨, 모차르트, 헨델, 바흐, 고흐, 피카소 등 이름을 대기도 숨찰 정도로 수많은 천재들이 있다. 그들과는 태생부터 다르므로 비교조차 불가능해서인지 난 천재들을 떠올릴 때마다 그들이 부럽다기보다는 고맙다. 아니, '고마워 죽겠다'고 표현하고 싶을 정도다. 그 몇몇의 천재들 덕분에 우리는 전기를 쓰고, 먼 거리도 쉽게 이동하며, 때로는 태평양을 날아 오기도 한다.

이 책을 쓰면서도 원고지를 찢고 다시 쓸 필요없이 워드 프로세서로 지웠다 붙였다 하며 글을 쓸 수도 있고, 원고를 쓰다가 마음이 지칠 때는 날씨에 따라 온갖 종류의 음악을 골라 들으며 쉴 수도 있다. 스티브 잡스 이전에도 그가 만든 비슷한 것을 만들어낸 사람들이 있었지만 그것을 통합해 내 손바닥에 쥐어준 그가, 끊임없이 점과 점을 이어서 선을 만들고 면을 만들며 '네 인생을 만들라'는 멋진 말을 남겨준 그가 고맙다.

음악이든 문학이든 과학이든 역사 속에 살아 움직여 세상을 살 만하게 만들어준 모든 천재들이 난 정말 고맙다. 물론 악한 천재들도 있었지만, 그럼에도 나는 대부분 선하고자 했을 그들에게 박수를 보낸다.

우리는 대단한 천재가 아닐 수 있고, 뾰족하게 뛰어난 능력을 가지지 못했을 수도 있다. 그러나! 정말이지 환상적으로 다행인 사실 하나는 지금, 바로 이 순간부터라도 당장 자신을 바꿀 수 있다는 것이다.

당신과 나의 위대함을 믿어라

군이 천재가 아니더라도 남과는 다른 길을 걸어서 보통의 사람들이 보여주기 어려운 극기의 노력을 통해 무언가를 이루어낸 사람들 또한 나는 너무 고맙다. 그들의 삶과 행동을 보면 마치 내 한계까지 극복되는 것 같다. 그들의 지독한 노력은 가끔 나를 질리게 하거나 나태를 돌아보게 해서 괴롭게 만들지만, 나는 그들이 좋다. 그들은 다수의 타인들에게 분명 선한 영향을 미치기 때문이다. 천재들이 세상을 혁신시킨다면 열심히 노력한 그들은 사람들을 앞으로 걸어가게 한다.

언젠가 지체장애를 가진 아들과 함께 철인3종경기를 완주한 아버지가 결승점에 들어오는 모습을 보며 벅찬 눈물을 흘린 적이 있다. 나뿐 아니라 많은 사람들이 그들의 평범하지 않은 노력과 투지에 박수를 보내며 스스로에게 용기를 북돋아주지 않았을까.

'그래 나도 한번…!'

안철수는 소설가 조정래의 말을 빌려 이렇게 강조한 적이 있다. "조정래 선생께서 그런 말씀을 하셨거든요. 자기가 노력한 게 스스로를 감동하게 만들 정도가 되어야 그게 정말로 노력하는 것이라고."

우리는 대단한 천재가 아닐 수 있고, 뾰족하게 뛰어난 능력을 가지지 못했을 수도 있다. 대단히 노력하며 살아오지도 않았고, 오히려 스스로 생각해도 나태하기 그지없어서 자괴감이 들 정도일 수도 있다. 그러나! 정말이지 환상적으로 다행

천재들이 세상을 혁신시킨다면 열심히 노력한 그들은 사람들을 앞으로 걸어가게 한다.

1장 크리티컬 매스를 만들라

인 사실 하나는 지금, 바로 이 순간부터라도 당장 자신을 바꿀 수 있다는 것이다. 그 변화의 가능성은 전 인류 모두에게 주어진 특권이며 기회다. 이 얼마나 환상적인 일인가. 인간의 위대함, 우리 모두의 위대함, 당신과 내가 가진 위대함은 어느 순간에든 마음만 먹으면 스스로를 완전히 바꿀 수 있다는 것 아니겠는가.

궁금하지 않은가. 도대체 조정래 선생이 말한 "스스로를 감동하게 만들 노력"이란 어느 정도의 노력일지? 도대체 얼마나 노력하면 자신에게 감동해서 눈물이 나는 걸까? 어쩌면 생각한 것보다 대단한 '노력의 능력인자'가 자신 안에 이미 있을지도 모른다.

나는 전작 《뜨거운 침묵》에서 당신에게 "화산처럼 폭발하라"고 외쳤었다. 이제 이 책에서는 당신이 어떻게 폭발할 수 있을지, 폭발할 심지를 어떻게 만들고 또 그 심지에 어떻게 불을 당길지를 이야기할 것이다.

인터뷰를 할 때마다 나는 우리 사회에서 성공하거나 성취를 이룬 혹은 남다른 삶을 살고 있는 그들에게 묻고 또 물었다. '무엇이 다른 거지? 무엇이 이들을 만든 거야? 무엇이 이들의 특수한 인자일까?' 나는 이에 대해 끊임없이 답을 구하고자 했다. 왜냐하면 시청자들이 갈구하는 그 무엇에 대한 답을 찾아주고자 하는 내 안의 열망이 너무나 컸기 때문이다.

말 그대로, 정치·경제·사회·문화 등 분야가 다르고 직업이 다르고 꿈이 달랐던 그들은 저마다 다른 이야기를 풀어냈다. 어떤 인터뷰이는 태생부터 확실히 달랐다. 또 다른 이는 환경과 자라온 배경이 여느 사람들과 너무 달랐다. 혹은 예술가적인 재능을 타고난 것이 분명해 보이는 사람도 있었다. 성취한 것이 너무 거대해서 흉내 내기가 불가능해 보이는 사람도 있었다.

나는 답답했다. 인터뷰를 하면서 내가 궁극적으로 시청자들, 결국 나의 독자들에게 보여주고 싶었던 것은 천재들이나 소위 잘 나가는 사람들의 특별함이 아니었다. 오히려 그들의 성공 요인을 분석해서 공통적인 그 무엇을 찾아내 '이렇게 하면 누구든 도전해볼 만하지 않겠는가'라고 할 만한 핵심을 찾아 알려주고 싶었다. 인터뷰어로서 내 개인적 목표는 삶의 진정한 목표를 찾는 끝없이 배고픈 사람들, 자신을 일으킬 무언가를 열망하는 사람들의 가슴속에 전류처럼 흘러들 '한마디 말'을 찾는 것이다. 그들이 찾는 그것을 내가 대신

'아는 것'과 '이해하는 것'은 다르고, 또 무엇보다 이해하는 것과 삶에 '적용하는 것'은 다르다. 책을 읽으며 마음으로 감동하고 고개를 끄덕인다 해도, 적용하지 않고 활용하지 않고 응용하지 않으면 책에서 읽은 그것은 활자에 그칠 뿐 살아 움직여 내 삶을 변화시킬 에너지가 되지는 못한다.

찾아 그들의 손에 쥐어주고는 '자, 이걸 갖고 뛰어보세요'라고 말해주고 싶었다. 10대와 20대, 미래가 창창한 시기에 희망보다는 불확실한 미래에 대한 불안감부터 안고 있는 그들에게. 30대, 제대로 본궤도에 오르기도 전에 인생의 방향을 잃었다고 말하는 그들에게. 40대, 도전하기도 포기하기도 애매하다고 두려워하는 그들에게 '쓸데없이 두려워하지 말라'고 외치고 싶었다.

성공한 그들은 확실히 달랐다. 저마다 남다른 것이 있었다. 그러나 그들의 예를 그대로 다른 사람에게 적용할 수는 없다. 성공한 그들의 이야기는 그들만의 이야기일 뿐이고 방법론일 뿐이다. 세상에는 성공한 그들에 대한, 그들의 비법에 대한 책이 참으로 많지만 그것을 읽는다고 해서 읽는 사람의 인생에 바로 변화가 일어나는 것은 아니다. 왜일까? 많은 사람들이 성공한 그들의 책을 읽으며 무언가 자신의 삶에 혁신적인 계기를 만들어줄 실마리를 기대하건만, 왜 그토록 많은 책을 읽어도 내 삶에 변화는 일어나지 않는 것인가?

바로 이것 때문이었다. '아는 것'과 '이해하는 것'은 다르고, 또 무엇보다 이해하는 것과 삶에 '적용하는 것'은 다르다. 책을 읽으며 마음으로 감동하고 고개를 끄덕인다 해도, 적용하지 않고 활용하지 않고 응용하지 않으면 책에서 읽은 그것은 활자에 그칠 뿐 살아 움직여 내 삶을 변화시킬 에너지가 되지는 못한다.

　텔레비전을 통해 근사한 요리의 레시피를 백 번 본들, 내가 직접 태우기도 하고 설익히기도 하면서 만들어보지 않는 한 절대 그 요리법을 익힐 수는 없다. 마찬가지로, 내 안에 무엇이 일어나지 않는 한, 내 안에 무언가 대단한 움직임이 용틀임하지 않는 한, 내 안에 마그마가 시뻘겋게 끓어오르지 않는 한, 아무 일도 아무 변화도 아무 역사도 결코 이루어지지 않는다.

　무엇이 내 안의 뜨거운 마그마를 끓게 할지 찾아내기 위해, 나는 인터뷰를 하고 또 하고 지나간 인터뷰의 속기록을 읽고 또 읽었다. 그러던 중 내 머릿속에 섬광과 같은 것이 휙 지나갔다.

　크리티컬 매스Critical Mass!

　인생을 자신이 원하는 모양대로 만들어가는 사람과 그렇지 못한 사람의 차이, 성공을 만들어내는 사람과 열패감에 젖은 사람들의 차이. 그것은 능력의 있고 없음, 가능과 불가능에서 유래하는 것이 아니었다. 바로 이 크리티컬 매스를 만들어내느냐 못하느냐의 차이였다. 지금까지의 성공에 관한 책, 성공한 사람들의 습관에 관한 책을 아무리 읽어도 사람들의 인생에 변화가 일어나지 않았던 이유는 바로 이 지점을 포착해 설명해내지 못했기 때문이다. 나는 크리티컬 매스의 결정적인 중요성을 알아채고 혼자 뛸 듯이 기뻤다.

인생을 자신이 원하는 모양대로 만들어가는 사람과 그렇지 못한 사람의 차이, 성공을 만들어내는 사람과 열패감에 젖은 사람들의 차이. 그것은 능력의 있고 없음, 가능과 불가능에서 유래하는 것이 아니었다. 바로 이 크리티컬 매스를 만들어내느냐 못하느냐의 차이였다.

나도 궁금했다. 왜 어떤 사람의 인생은 활짝 핀 꽃처럼 만개하고 어떤 사람은 꽃봉오리 상태로 시간만 끌다가 피지도 못한 채 져버리고 마는지. 심지어 왜 어떤 사람은 아예 씨앗조차 없는 양 살아가는 것인지. 그래서 하마터면, 성공의 유전자가 따로 있다는 설에 지고 말 뻔했다. 그러나 아니었다! 누구나 자신의 인생을 꽃피울 씨앗 하나쯤은 갖고 있다. 다만 그 씨앗을 움트게 하고 꽃피울 크리티컬 매스까지 만들어내지 못하고 중도에 포기해버렸기 때문에 결실을 보지 못한 것이다.

자, 이제부터 도대체 이 생소한 크리티컬 매스라는 개념으로 내가 무엇을 설명하려 하는지 차근차근 들어가보자. 아마 이 글을 따라 읽다보면 당신의 가슴속에서도 뜨거운 움직임이 꿈틀거릴 것이다.

변화의 경계를 만들어낸
백 마리째 원숭이

크리티컬 매스, 임계질량

이란 말은 원래 물리학에서 나온 개념이다. 어떤 핵분열성 물질이 일정한 조건에서 스스로 계속해서 연쇄반응을 일으키는 데 필요한 최소한의 질량을 말한다. 이 개념은 사회학·심리학·경영학 등에서 광범위하게 차용되면서 널리 알려졌는데, "유효한 변화를 얻기 위해 필요한 충분한 수나 양"의 개념으로 다양하게 쓰인다. 예를 들어 사회운동의 여러 부문에서는 진정한 변화가 이루어지기 위해 필요한 결정적인 인원이란 뜻으로 쓰이기도 한다. 곧 전부를 설득하지는 못하더라도 '결정적인 인원'까지 동의를 얻어내면 사회 전체에 영향을 미칠 수 있다는 식으로 응용되는 것이다.

일본의 고지마幸島라는 무인도에서 관찰된 이야기가 있다. 이 무인도의 원숭이들에게 과학자들이 밭에서 뽑은 진흙 투성이 고구마를 먹이로 주었다. 그런데 어느 날부터 어린 암컷 원숭이가 고구마를 강물에 씻어 먹기 시작했다. 이 '고구마 씻어 먹기'는 점차 다른 새끼 없는 원숭이, 어미 원숭이들에게 퍼지더니, 나아가 무리의 반수 이상에게 퍼져나갔다. 더욱 놀라운 사실은 가뭄에 강이 마르자 '바닷물에 씻어 먹기'라는 현상이 나타났고 심지어 바닷물로 간한 고구마를 즐기는 '새로운 현상'이 무리에 완전히 정착되었다.

게다가 고지마 원숭이의 씻어 먹기 행동은 바다를 건너 육지로, 육지에서 산맥 너머로 확산되었다. 시간이 지나면서 나타난 이른바 '종의 계승'이라면 유전 현상으로 설명할 수 있겠지만, 이처럼 정보가 동시대에 수평적으로 전파되고 공유된 현상은 어떻게 설명해야 할까.

이것이 바로 미국의 과학자 라이얼 왓슨이 이름 붙인 "백 마리째 원숭이 현상"이다. 여기서 백 마리란 변화의 경계가 되는 일정량을 편의적으로 수치화한 것으로, 이를 사회운동 차원에서 말하면 한 장소에서 누군가 어떤 좋은 행동을 하면 집단은 반드시 그것을 흉내 내게 되고, 그 흉내가 일정 비율에 달하면 멀리 떨어진 장소에서도 똑같은 현상이 시작되며, 이런 식으로 사회 전체로 확산된다는 것이다(후나이 유키오, 《백 마리째 원숭이가 되자》에서).

바로 이것이다. 내 인생을 내가 원하는 멋진 무엇으로 만들기 위해서는 내 안에 크리티컬 매스가 만들어져서 폭발이 일어나야 한다. 내가 원하는 변화를 만들어낼, 내가 원하는 '나'로 나아가기 위해 내 안의 화산을 폭발하게 할 크리티컬 매스가 필요하다.

당신 안에도
크리티컬 매스가 있다

예를 들어 생각해보자. 내 안에 나만이 갖고 태어난 능력의 씨앗이 있다. 그 씨앗이 발아하고 꽃피우기 위해서는 내 안의 온도가 15도에 이르러야만 한다. 바로 이 15도가 크리티컬 매스다. 나는 그 온도에 이르기 위해서 자가발전기를 돌려야 한다. 그것은 0도에서 시작한다. 이것저것 해보며 발전기를 돌릴 동력을 찾는다. 조금 해보니 0도에서 2도, 3도로 오르기 시작한다. 그러나 갈 길은 멀다. 아직 13도를 더 올려야 한다. 또다시 나를 추슬러 발전기를 돌릴 동력을 더 만들어낸다. 4도, 5도. 그런데 어찌된 일인지 5도에서 멈춰 더 이상 올라가지 않는다. 포기해버린다.

나는 '작가'로 기억됐으면 좋겠어요. 앞에 수식어로 '성실한'이라든가, '치열한'이라든가 이런 것이 붙으면 더 좋고. 그냥 '작가'라고 해도 그걸로 충분해요. —소설가 이문열

자, 여기서 멈추면 당신의 인생은 꽃피우지 못한다. 당신 안에 그 씨앗이 없어서 꽃피우지 못한 것이 아니라, 15도라는 크리티컬 매스에 도달하지 못했기 때문에 그런 것이다. 15도에만 이르면, 폭발에 필요한 임계질량인 15도만 만들어내면 폭발할 수 있는데, 게다가 한 번 폭발하면 연쇄폭발까지 일어날 수 있는데, 당신은 그 크리티컬 매스를 채우지 못해 주저앉고 만 것이다.

그런데 여기서 주목할 것은 당신이 때로는 13도, 혹은 14도에서 멈췄을 수도 있다는 것이다. 1도만 더 올리면 드디어!

당신이 그렇게 원하던 만개의 순간을 맞을 수 있건만, 바로 직전 14도에 멈춰 서서 스스로 인생을 푸념하고 안 되는 인생이라고 한탄하며 시간과 감정을 낭비했을 수도 있다.

문제는 크리티컬 매스라는 것이 내부에서 일어나는 일인지라 자신도 감지하지 못하는 순간에 인생의 기회를 날려버릴 수 있다. 내게만 찾아오지 않는다고 원망했던 그 기회를 당신 스스로 죽이거나 놓치고 있는 것일지도 모른다. 알겠는가? 성공한 사람과 그렇지 못한 사람의 차이는 능력의 있고 없음의 차이가 아니라, 크리티컬 매스를 만들어내기까지 계속했느냐 아니면 그 직전에 포기하고 멈췄느냐의 차이라는 것을.

토익 점수를 예로 들어 생각해보자. 목표가 900점대인 당신은 영어 공부를 시작한다. '한 달 정도 죽도록 공부하면 적어도 100점은 높아지겠지?'라고 내심 기대한다. 그리고 한

크리티컬 매스를 만들어내기까지 자신의 집중적 노력이 모자랐다고 생각하지 않고 '나는 능력이 없다'라거나 '나는 안 된다'는 식의 생각으로 포기했기 때문에 안 된 것뿐이다. 루저로 태어나서 루저인 것이 아니라 내 생각, 오직 내가 가진 생각만이 루저의 생각이었던 것이다.

달 후, 시험을 보았는데 점수가 꿈쩍을 않는 것이다. 이때 '역시 나는 안 돼' 하고 여기서 포기해버리는 사람이 있다. 혹은 '한 달 더 해보자'라고 다시 뛰는 사람이 있다. 두 달을 했다. 그런데도 점수가 꿈쩍 않고 올라가지 않는다. 그러면 여기서 또 포기하는 사람이 생긴다. 그런데 여기서 포기하지 않고 석

달, 넉 달 계속하는 사람이 있다. 그 사람은 반드시 수개월 혹은 십수 개월 내에 목표 점수에 도달할 것이다. 매우 단순하고 간단한 이치다.

제 삶의 원칙은 일단 해보는 거예요. 일단 제가 원하는 것이라면 기회가 있을 때 해보는 거예요. 기회가 없으면 기회를 만들어서라도 해요. 왜냐하면 분명히 실패할 수도 있고 실수할 수도 있지만, 해보고 후회하는 게 안 해보고 후회하는 것보다는 낫다고 생각하거든요. -골든벨 소녀 김수영

크리티컬 매스에 대해 알아두어야 할 중요한 사실 하나는 바로 이것이다. 크리티컬 매스에 이르기 전까지는 겉으로는 아무런 변화가 일어나지 않는다. 바로 그런 이유로 많은 사람들이 중도에 포기한다. 변화가 조금씩이라도 보이면 포기하지 않을 수도 있는데, 크리티컬 매스는 폭발하는 그 순간까지 마치 아무런 성장이나 발전도 이루어지지 않는 것처럼 보여 의지가 약한 사람들을 넘어지게 한다.

자신을 되돌아보라. 당신 인생에만 기회가 오지 않았다거나 내 인생만 어려워 보인다면 한번 되돌아보고 곰곰이 짚어보라. 당신이 무언가를 위해 나름 노력했다가 절망했던 순간을, 포기했던 순간을. 그때 어쩌면 크리티컬 매스가 거의 다 만들어졌던 순간이었는데 당신이 미처 모르고 너무나 안타깝게도 그 끈을 놓아버렸던 것은 아닌지. 하지만 이제 다행이라고 생각하자. 크리티컬 매스의 개념을 안 당신은 다시 시작할

수 있다. 다시 기회가 온다면 절대로 놓치지 않을 수 있다. 아니, '기회가 온다면'이 아니라 당신이 당신의 기회를 불러들일 것이다.

성공한 사람들의
마지막 1퍼센트

자, 이제 성공한 그들은 크리티컬 매스를 어떻게 만들어냈는지 살펴보자. 그들이 만들어낸 크리티컬 매스는 지독한 반복적 훈련일 수도 있고, 지독한 노력의 양일 수도 있고, 지독한 탐구의 과정일 수도 있다. 우선 성공한 그들이 채웠던 노력의 임계질량, 크리티컬 매스를 살펴보자. 성공한 그들은 모두 한결같이 인생의 어느 순간, 질풍노도처럼 무언가를 위해 집중적으로, 말 그대로 미친 듯이 열심히 매달린 시기가 있었다.

"어떤 문제에 부딪히면 나는 미리 남보다 시간을 두세 곱절 더 투자할 각오를 한다. 그것이야말로 평범한 두뇌를 지닌 내가 할 수 있는 유일한 방법이다."

이 말은 적어도 세상의 눈으로 보기에는, 절대로 평범하지 않은 두뇌를 가진 사람이 한 말이다. 하긴, 알 수 없는 노릇이다. 그의 말대로 엄청난 노력이 만들어낸 두뇌, 연습이나 훈련으로 예봉처럼 날카로워진 두뇌를 지닌 것일 수도 있다. 그는 수학계의 노벨상이라고 하는 필드상을 탄 일본의 수학자 히로나카 헤이스케다.

안철수는 의대생 시절, 이 말을 접하고 평생의 좌우명으로 삼았다고 한다. 히로나카 헤이스케를 롤모델로 삼은 안철수는 더 실제적이고 독한 자신만의 노력법을 이야기한다.

"공부할 시간이 없을 때 제가 썼던 방법이 잡지사에 전화하는 거예요. 그리고 나서 이런 기술이 새롭게 개발되었는데 거기에 대해 제가 글을 쓰겠다고 해요. 그러면 잡지사에서는 원고 마감 시간을 주죠. 저는 책임감이 굉장히 강한 사람이거든요. 그래서 마감 시간을 정해놓고 무산시키면 안 되니까 잠을 줄이든지 해서라도 틈틈이 시간을 내서 원고를 만들죠. 그렇게 잡지사에 글을 주고 나면 정말 죽을 고생을 했지만 결국은 그 분야에 대해 굉장히 잘 알게 되거든요."

여기 제대로 한술 더 뜨는 사람이 있으니 바로 뉴턴. 그에 대한 묘사들을 보면 그런 일이 가능할까 싶지만 한편으로는 그리 어렵지 않게 수긍할 수 있는데, 이는 그가 다름 아닌 17세기 과학혁명의 상징이기 때문이다.

"뉴턴은 한 가지 문제를 붙잡으면 밥 먹는 것도, 잠자는 것도 잊어버렸다. 밤잠을 설치고도 자신은 밤을 새웠다는 것조차 몰랐다고 한다. 나이가 들어서도 그의 연구열은 식을 줄 몰라서 그를 식탁으로 부르려면 30분 전부터 불러대야 했다. 식탁에 앉아서도 책을 들여다보느라 음식에 손대지 않는 일이 허다해서 심지어 저녁 식사로 차려진 죽이나 달걀을 다음 날 아침으로 먹는 일도 흔했다고 한다. 뉴턴의 몰입적 사고는 한 문제가 풀릴 때까지 몇 개월, 심지어 몇 년 동안이나 지속되었다."(황농문, 《몰입》에서) 이쯤되면 유별난 '노력 인자'가 따로 있는 건가 싶기도 할 테니, 좀 더 피부에 와 닿는 사람들의 예를 보자.

자신을 감동시킬 노력과
나를 잊어버릴 정도의 집중력

CF감독, 뮤직비디오 감독으로 이름을 날린 차은택은 이런 말을 한다.

"동기 중에 박명천 감독이라고 있어요. (두 사람은 그 업계에선 유명한 라이벌이다.) 그 친구와 저는 같은 회사에서 수습 사원부터 시작했죠. 둘 다 비슷한 성향이었던 것 같아요. 이상하게 처음부터 조직에서 함께 주목을 받았고 앞서거니 뒤서거니 하며 이상하게 경쟁 구도가 형성됐죠. 이런 식이었어요.

아침에 나가면 일단 모든 자료를 살펴보며 스크랩을 하는데 신문 같은 경우는 남아나는 면이 없을 지경이었어요. 출근해서 이미 신문이 너덜너덜해져 있으면 그 친구가 싹쓸이를 한 겁니다. 그러면 그다음 날은 제가 조금 더 일찍 출근해요.

그러던 어느 날 그 친구가 먼저 상을 탄 거예요. 축하연이 있었는데, 그날 저녁 사무실로 다시 돌아와서 밤새 스크랩을 했어요. 그 친구가 상을 탄 게 부럽기도 하고 내 처지가 속상하기도 했지만, 그렇다고 술이나 마시고 하면 뭐하겠어요. 그럴 수 없었어요. 그냥 변함없이 내 일을 해야 했죠. 준비해야 한다고 생각한 거죠. 다음을 위해서. 언젠가 내게도 기회가 오리라 생각했고 그래서 준비되어 있고 싶었어요."

그 또한 다른 사람의 앞선 성취가 부럽기도 하고 초조하기도 했을 것이다. 그러나 차은택은 자신을 갉아먹기만 하는 실체 없는 좌절이나 두려움에 지는 대신 실체 있는 준비를 한 것이다. 물론 그 후 그에게는 기회가 오고 또 왔다. 이름을 날린 지 오래인 현재도 수습사원 시절에 하던 스크랩과 자료 조사를 하느라 밤을 새는 일이 다반사라고 했다.

"뿌린 대로 돌아온다"라는 반전 포스터로 빅앤트 대표 박서원과 함께 광고계의 그랜드슬램을 달성한 29살의 광고인 이제석은 대학 시절 4년 동안 단 하나의 B 학점을 제외하고 모두 A+를 받았다. 그는 이렇게 말한다.

"형과 저는 같은 고등학교에 다녔어요. 형은 전교 1등이었고 저는 정말 공부를 못했죠. 그런데 대학에 간 이후 모든 것이 변했어요. 전 오직 미술, 그림 그리기만 좋아했는데 시각 디자인과에 들어가니 모든 과목, 전 과목이 미술만 하는 거예요. 어찌나 신이 나던지 정말 미친 듯이 공부했어요. 하기 싫은 영어나 수학이 아니라 제가 좋아하는 미술만 한다 생각하니까 신이 났죠. 4년 내내 공부 외에는 아무것도 안 했어요.

지금 되돌아보면 바로 그 4년의 시간이 현재 제가 보여주고 있는 능력의 기초가 된 것 같아요. … 지금은 세계적인 회사의 광고를 만들고 있지만 사실, 지금까지도 그때 대학 4년 동안 미친 듯이 했던 공부들이 기초가 되고 있어요. 지방대를 졸업한 후 뉴욕으로 유학갈 때 좋은 대학으로부터 장학금을 받고 생각지도 않게 합격한 데도 대학 4년 동안 쌓아두었던 작품들이 큰 역할을 했어요."

평범한 성취와 구별되는 그 무엇을 이루어낸 사람들에게는 이처럼 한결같이 태풍처럼 자신을 휘몰아치며 집중적으로 노력한 시간이 있었다. 그것이 크리티컬 매스가 되어 특별한 그 무엇을 만들어낸 것이다.

쌓이면
터질 수밖에 없다

우리는 그들 안에 크리티컬 매스가 쌓여 폭발한 이후 그들이 이루어낸 결과나 성취만을 보고 자신과 비교해 '나는 왜 안 되나' 하는 생각을 할지도 모른다. 그러나 그들 또한 내부에 크리티컬 매스가 쌓일 때까지는 자신과의 싸움, 자포자기하고 싶은 마음과의 싸움, 자신을 루저로 보는 세상 시선과의 싸움 등으로 점철된 외롭고 긴 시간을 혼자 겪어냈을 것이다.

'인생은 습관의 연속이요, 집합'이라고 생각하기 때문에 저는 많은 경우 습관에 따라서 행동을 합니다. 또 준비되지 않은 성공은 없다고 생각해요. –국회의원 홍정욱

그들과 나의 차이는 능력이나 운명의 차이가 아니라 크리티컬 매스를 만들어내기까지 참았느냐, 아니면 조금 해보다가 매번 포기하고 말았느냐 하는 것일지도 모른다. 아니, 그럴지도 모른다가 아니라 바로 그것이다. 크리티컬 매스를 만들어내기까지 자신의 집중적 노력이 모자랐다고 생각하지 않고 '나는 능력이 없다'라거나 '나는 안 된다'는 식의 생각으로 포기했기 때문에 안 된 것뿐이다. 루저로 태어나서 루저인 것이 아니라 내 생각, 오직 내가 가진 생각만이 루저의 생각이었던 것

1장 크리티컬 매스를 만들라

이다. 광고인 이제석은 인터뷰를 하다가 이런 말을 했다.

"지방대학을 거의 A⁺ 학점으로 졸업했지만 어느 회사도 받아주지 않았어요. 지방에서 간판쟁이를 했죠. 그런데 어느 날 이건 안 되겠다 싶었어요. 판을 바꾸자 생각했죠. 내게 문제가 있어서가 아니라 회사들이 사람 볼 줄을 몰라서 나를 받아주지 않는 거라고 생각했죠. 그래서 미국 유학을 결심했고 세계 광고계가 주목하는 한국인이 된 거죠.

그런데 미국에 갔다고 갑자기 문제가 해결된 건 아니었어요. 희망을 찾아간 그곳에 더 큰 절망이 기다리고 있었죠. 그곳에선 저를 투명인간 취급했어요. 한국에서 이유 없이 받는 루저 대우가 싫어서 미국에 갔더니, 장소만 옮겼을 뿐 차별은 그대로 따라간 거예요. 포기하고 싶기도 했지만 오기가 났어요. 그래서 또다시 죽을 듯이 열심히 공부했죠. 작업할 장소가 없어서 숙소 복도에서 밤마다 쭈그리고 앉아 작품을 만들었어요. 그러던 어느 해 드디어 터진 거죠. (이것이다. 아무도 알아주지 않고 꽤 오랫동안 늘 패배하기만 했지만, 그는 그러한 패배의 시기에 끊임없이 자신만의 집중적인 노력을 계속했다. 그러니까 바로 그 크리티컬 매스를 만들어내고 있었던 것이다. 그리고 임계질량에 도달했을 때, 뻥 하고 터지는 순간이 온 것이다.)

한 해 동안 공모전에서 상 29개를 거머쥐었어요. 사람들이, 그때까지는 제 인사도 받지 않던 친구들이 갑자기 친한 척을 했고, '너는 안 돼!'라고, 1~2년 동안이나 '동양인 주제에 네가 뉴욕에서 성공할 수 있을 것 같으냐'라고 했던 교수들이 어깨를 끌어안으며 자랑스럽다고 말하기 시작했어요. 사람들은 세계 광고제에서 제가 이룩한 그랜드슬램만 봐요. 죽도록 고생하다 친 홈런만 보는 거죠. 그런데 그게 아니에요. 홈런이 있기까지 무지무지하게 많은 안타와 파울볼이 있었어요."

수많은 낭패와 절망감의 순간에 누구는 포기해버리고 누구는 포기하지 않는다. 어떤 거대한 운명이나 후광, 유전 때문이 아니다. 아주 작은 순간 사소한 것에 휘둘려 포기하고 좌절하고 자신을 낙인찍는 그 순간 때문이다.

알겠는가? 바로 이것이다. 그는 포기하고 싶은 순간이 많았다. 생활비도 없었고 숙소는 빈대가 가득한 곳이었으며 영어는 한마디도 못했고 먹을 것이 없어서 대충 빵이나 라면으로 끼니를 때우는 일이 허다했다. 무엇보다도 그의 롤모델이었던 교수가 자신의 작품을 북북 찢어대거나 "동양인이 어떻게 이 뉴욕의 광고계에서 살아남겠느냐"고 했을 때, 그것도 한두 번이 아니라 1~2년여를 반복해 그렇게 말했을 때, 그는 포기하고 싶었지만 결코 포기하지 않고 자신만의 크리티컬 매스를 만들어갔다. 수많은 낭패와 절망감의 순간에 누구는 포기해버리고 누구는 포기하지 않는다. 사람의 운명이 갈리는 지점은 다른 어떤 거대한 운명이니, 후광이니, 유전이니 하는 것

1장 크리티컬 매스를 만들라

들이 아니다. 어쩌면 아주 작은 순간 사소한 것에 휘둘려 포기해버리는, 너무 쉽게 좌절해버리는, 너무 쉽게 자신을 낙인 찍어버리는 그 사소한 순간 때문이다.

한때 이제석과 함께 일했던 빅앤트 대표 박서원은 이런 상황을 간단하게 한마디로 정리한다. "죽어라 하는 수밖에 없어요." 그는 사람들이 지레 그가 가지고 있으리라 짐작하는 아이디어 창안법에 대해서도 이렇게 말한다. "아이디어를 만들어낼 방법은 없어요. 다만 훈련을 통해서 얻어진 직감을 활용하는 거죠." 직감, 직감마저도 훈련을 통해서 길러내는 것이라고 그는 말한다. 내가 말하는 크리티컬 매스는 그가 말한 훈련이 쌓이고 쌓여서 형성되는 것이다.

얼마나 다행인가. 우리가 그렇게 갖고 싶어 하는 반짝! 하는 아이디어. 번쩍! 하는 직관, 꿰뚫는 통찰력 등이 타고나는 것이 아니라는 사실이 말이다. 그것이 훈련과 훈련을 통해 길러내는, 만들어내는 것이라면 우리 모두 가능성이 있다는 얘기 아닌가.

우리는 늘 아이디어에 목말라하고, 창의력에 주눅이 들곤한다. 늘 아이디어가 반짝이는 듯한, 남다르게 창의적인 듯한 사람들을 보면, 저 사람들은 특별한 재능을 부여받은 다른 세계의 사람이겠거니 생각하곤 한다.

가수 김태원은 인터뷰 중 이런 말을 했다. "인생의 고비마다 좋은 곡이 나왔어요"라고. 가슴에 와 닿는 가사와 아름다운 멜로디는 번개 치듯 마음에 떨어지는 것이 아닌, 희로애락의 겹이 쌓이고 쌓여 굽이를 칠 때마다 나왔다는 것이다. 쌓여야 한다. 내면에 쌓고 또 쌓아야 한다. 그리고 자신에게 어떤 일이 일어나는지 한번 목격해보라.

님 에게

　　사람이 가끔 우리를 속이거나 배신할 뿐 들판의 꽃이나, 꽃 피우는 나무들이 언제 한번이라도 우리를 배신한 적이 있던가요?

　　겨울나무를 볼 때마다 나는 한참을 서서 바라보곤 해요. 마치 평생 한번도 꽃피운 일 없는 것처럼 황량하기 그지없는 메마른 모습으로 서 있는 나뭇가지 구석구석을 들여다보죠. 아무리 들여다보아도 꽃이 어디서 나왔는지 흔적도 없어요. 마치 다시는 꽃을 안 피울 것처럼. 물론 알죠, 우리는. 몇 달만 지나면 마술처럼 꽃이 필 거라는 사실을. 그럼에도, 기다림은 힘들어요. 때로 두렵기도 하죠.

　　당신만의 정원에 꽃나무 한 그루가 있어요. 겨울 내내 꽃을 기다린 당신은 겨우내 얼었던 물이 졸졸 소리를 낼 즈음 마음이 급해지기 시작하죠. 유난히 길었던 겨울이, 지루했던 당신의 마음이 화사한 꽃잎에 목말랐던 거죠. 그런데 당신이 모르는 꽃나무의 비밀이 있어요. 바로 15도가 되어야만 꽃이 핀다는 거예요. 14도도 아니고 13도도 아닌 15도. 벌써 0도를 넘어설 때부터 꽃을 기다리기 시작했던 당신은 10도를 지나 12도, 13도가 되어도 꽃피울 생각을 안 하는 나무를 바라보며 슬슬 좌절하다가

급기야 화가 나기 시작하죠. 그리고 14도가 되었을 때도 꽃이 피지 않자 결론을 내어버려요. 이제 꽃을 피우지 못하는 나무구나. 베어버리자. 기다림에 지쳐서일 수도 있지만 두려움에 지레 저질러버리는 행동일 수도 있죠. 두려움은 우리를 바보로 만들어버리니까요.

혹시 그 나무가 우리의 모습은 아닐까요? 내 안에 나를 폭발시킬 크리티컬 매스를 15도까지 채워야만 하는데, 늘 12도, 혹은 13도, 때로는 정말 바보스럽게도 발화 직전인 14도 혹은 14.5도에서 포기해버린 것은 아닐까요? 당신의 운명에 원래는 없었던 불행과 불운을 스스로 만들어 꽁꽁 끌어안고 있는 것은 아닌지요?

당신 안을 들여다보세요. 뒤져보세요. 그리고 크리티컬 매스를 한 번만 만들어보는 거예요. 당신만의 정원에 있는 나무는 분명 꽃을 피우는 나무예요.

Blossom~!

2장
여기서 멈출 수 없다
그것이 긍정의 힘이다

좌절의 순간은
넘치도록 많다
크리티컬 매스를 만들어낼 때까지 참고 견뎌낸 그들은 좌절의 순간 무슨 생각을 했던 것일까? 어떻게 이겨낸 것일까? 그 비결이 궁금하지 않은가? 해답은 그들의 머릿속에, 마음속에 있었다.

현재 우리의 교육 현실은 많은 사람을 결국 좌절의 종착역으로 데려가는 형국이다. 꿈을 꾸라고 말하지만 어떤 꿈을 꾸어야 할지 생각할 겨를도 주지 않는다. 꿈을 원대하게 가지라 말하면서 실제로는 좋은 직장에 취직하는 것 정도를 바란다.

좋은 직장이라는 것도 실상은 보수가 높고 안정성이 높다는 의미로 집약된다. 초등학교에서 중고등학교까지 배운 것이라곤 대학 입시를 위해 암기한 단편적인 지식뿐이다. 그래서 대학에 들어가고 나면, 사실 인생의 진짜 준비는 이때부터이건만 우리 대학생들은 지긋지긋한 입시 공부로부터의 탈출을 자축하는 한풀이에만 몰두한다. 그것도 잠시, 곧바로 다른 전쟁이 기다리고 있다. 다만 입시가 취직 시험으로 바뀔 뿐이다. 그러니 누가 무슨 꿈을 꿀 수 있겠으며, 꿈이 무엇인지가 흐릿한데 그 길을 어떻게 찾겠는가. 막막할 수밖에 없다. 막막한 것이 당연하다. 그러나 걱정만 하고 주저앉아 있을 수만은 없다. 모든 이들이 한때 막막해했고 절망했다. 다만 그 시기를 뚫고 나왔을 뿐이고 주저앉지 않고 일어섰을 뿐이다.

뚫고 나온 그들은 무엇이 달랐던 것일까? 그들은 자기 자신을 바라보는 눈이 달랐고, 자신이 살고 있는 세상을 바라보는 눈이 달랐다.

다만
자신을 믿을 뿐이다
신기하게도, 내가 만난 인터뷰이 대부분은 자기 자신에 대한 부정적 이미지가 없었다. 인터뷰 프로그램에 초대받은 정도의 사람이라면 대부분 무언가를 성취한 이들이다. 그들이 이루어낸 성취가 결과적으로 그들의 자아상에서 부정적인 것을 없애버린 걸까, 아니면 긍정적인 이미지가 결과적으로 그들에게 성취를 안겨준 걸까? 나는 후자에 건다. 그들도 때로 스스로 좌절하기도 하고 상황이 그들에게 무릎을 꿇으라 강요하기도 했지만, 그들은 스스로를 믿었다. 스스로를 믿는 힘이 강했기 때문에 역경을 이겨내는 힘 또한 강력했다. 그들이 스스로를 믿지 않았다면 쉽게 쓰러졌을 것이다. 물론 그들도 한때는, 혹은 가끔은, 자신에 대해 부정적인 생각을 할 때도 있었을 것이다. 다만 삶을 바라보는 태도, 자신을 바라보는 태도가 긍정적인 덕분에 자신에 대한 이미지가 긍정적으로 형성되었을 것이다.

내가 꿈꾸는 내 모습, 혹은 지향점이 마음속에서 근사하면 할수록 중간에 포기하고 싶은 마음이나 나태, 좌절 등을 쉽게 극복할 수 있다.

중학생 때였나. 양초 공예를 배운 적이 있다. 나름 작품처럼 내가 원하는 색의 디자인까지 곁들여 초를 만드는 것이 쏠쏠한 재미가 있어 한동안 빠져 지냈다. 완성된 초에 불까지 붙이면 근사하기 이를 데 없지만 그 초가 완성되기까지 거쳐야만 하는 작업은 번거롭기 짝이 없었다. 초로 완성되기 전 파라핀은 볼품없는 허연 덩어리일 뿐이다. 파라핀을 녹이다가 손을 데기 일쑤였고 염료 냄새 또한 독했다. 매번 꿈은 거창하지만 염료를 잘못 섞으면 얼룩

이 지기 십상이며 심지를 잘못 꼬면 모양은 그럭저럭 완성돼도 불이 붙지 않는다. 초가 초가 아닌 것이다. 한 번 실패하고 나면 만사가 귀찮아서 작업을 그만두고 싶지만, 그럴 때 내가 만들고 싶은 초의 근사한 모습을 머릿속에 상상하며 다시 그 귀찮은 작업을 시작하는 것이다. 그리고 드디어 성공작을 만들라치면 나는 온 집 안의 불을 다 끄고 그 초 하나만을 켜둔 채 감상하곤 했다.

완성된 근사한 초는 내가 꿈꾸는 내 모습, 혹은 지향점일 수 있다. 그 모습이 마음속에서 근사하면 할수록 중간에 포기하고 싶은 마음이나 나태, 좌절 등을 쉽게 극복할 수 있다.

내가 꿈꾸는 내 모습을 잘 설정해야 하고 그것을 마음에서 지우면 안 된다. 미래의 나를 마음속에 확고히 간직하고 있는 것이 현재의 나를 주저앉

남이 안 해본 것을 찾는 것. 제 꿈 중의 하나가요. 이게 아주 이상하게 들릴지는 모르겠지만, 지구상에 존재하지 않는 색깔을 한 번 보고 싶어요. 그러니까 계속 머릿속을 이제 굴려보는 거죠. '안 본 색깔을 볼 수 있을까?' –음악감독 박칼린

지 않게 하는 가장 강력한 힘이 되기 때문이다. 때로는 미래의 내 모습을 부모님이나 사회에서 다르게 설정할 수도 있다. 그러나 종국에 나를 만들어가는 작업은 그 누구도 아닌, 나만이 할 수 있다. 그렇기 때문에 자기 스스로 설정하고 그려놓

은 미래의 내 모습을 쉽게 포기해서는 안 된다.

MCM의 김성주 회장은 국내 굴지의 대기업 회장의 딸이다. 그가 패션사업에 진출해 성공 신화를 만들어간 것에 대해 많은 사람들은 부자 부모를 둔 덕이라고 쉽게 생각했을 수도 있다. 그러나 그녀는 그러한 편견을 강하게 부정한다. 그녀는 오히려 자신이 가부장적인 집안 분위기, 오직 아들만을 후계자로 알고 딸은 시집만 잘 가면 그만이라고 생각하는 분위기에서 투쟁적으로 성장해왔음을 목청 높여 강조한다.

내가 꿈꾸는 내 모습을 잘 설정해야 하고 그것을 마음에서 지우면 안 된다. 미래의 나를 마음속에 확고히 간직하고 있는 것이 현재의 나를 주저않지 않게 하는 가장 강력한 힘이 되기 때문이다.

내가 그녀를 처음 만난 것은 1999년, ASEM 청년지도자 포럼에 참석했을 때였다. 그녀는 경제계의 젊은 리더로, 나는 언론계의 젊은 리더로 초대받았다. 이제는 그녀의 트레이드마크가 된 숏커트 머리에 유니섹스풍의 정장 차림을 한 그녀는 햇빛을 등지고 서 있어서인지 더 강해 보였다. 칭기즈칸에 빗댄 칭기즈킴이라는 별명을 그녀 스스로도 싫어하지 않는 눈치였다. 그녀는 그 이미지 그대로 지금까지 변함없이 '투쟁적으로' 일하며 자신의 영역을 확실히 구축해가고 있다.

"10대 1의 경쟁률을 뚫고 미국 명문대에 합격했지만 아버지는 유학을 허락하지 않으셨죠. 3일 동안 단식투쟁을 해도 꿈쩍하지 않으셨어요."

우여곡절 끝에 떠난 유학 생활은 김성주 회장의 모든 것을 바꿔놓았다. 1981년 앰허스트대학을 졸업한 뒤 영국 런던 정치경제대학원을 거쳐 미국 하버드 비즈니스 스쿨에서 경영학을 공부하던 김 회장은 더 이상 부모님이 조종할 수 있는 '착한 딸'이 아니었다. 그의 마음속에 '내 인생은 내가 개척한다'는 생각이 확고하게 자리 잡았던 것이다. 집안의 반대를 무릅쓰고 하버드대학에서 만난 영국계 캐나다인과 결혼한 것도 부잣집 딸로 태어나 부잣집 남편을 만나 가정주부로만 사는 인생을 도저히 받아들일 수 없다는 생각에서였다.

그러나 '재벌가 막내딸'이기를 포기한 대가는 혹독했다. 아버지는 그를 버린 자식 취급했고 학비와 생활비 모두를 끊었다. 그때부터 누구의 딸이 아닌 그녀의 삶이 시작되었다. 그녀는 학업을 중단하고 생활 전선에 뛰어들어야 했다. 백방으로 직업을 찾아 헤맨 끝에 그녀는 지인의 소개로 첫 직장을 잡았다. 뉴욕 맨해튼에 있는 유명 백화점인 블루밍데일이었다. 그녀의 첫 업무는 창고 정리에서 시작되었지만, 바로 이 일이 훗날 패션사업을 하는 데 결정적 도움이 될 것이라고는 그녀 스스로도 예상치 못했다. 이처럼 자신의 삶을 개척해왔기에 그녀의 이 말에서는 강한 생명력이 느껴진다.

"내가 딛고 선 한 평의 땅을 믿고 과감하게 모험을 즐겨라."
그녀는 자신이 발 디디고 선 한 평의 땅에서 그 땅을 믿고 과감하게 모험을 즐기라고 말한다. 이 말은 그녀가 독일 기업 MCM을 한국 기업으로 만든 데서 진정 빛이 나기 시작했다. MCM의 국내 판매권을 갖고 있다가 역으로 독일 본사를 사들인 것이다.

"수적으로 많지 않은 몽골족이 세계를 지배했었죠. 칭기즈칸은 추운 고원에 텐트를 치고 목숨을 걸고 직접 나가 최일선을 누볐습니다. 나도 1년에 60번 넘게 비행기를 타고 연중 4분의 3을 해외에서 지냅니다. 비행기가 집이죠. MCM 인수 후 지난 4년 동안 30개국 가까이 직접 찾아다니며 시장을 개척했습니다. 오너가 최일선에서 죽을 각오로 희생해야만 기업은 살아납니다. 그렇게 뛴 결과 작지만 글로벌한 강소회사로 우뚝 설 수 있었습니다."

물론 그녀 또한 현재의 모습을 만들기까지 자신과의 싸움을 여러 차례 치러내야 했을 것이다. 앞으로도 싸움은 계속될 것이다. 워낙 부침이 많은 것이 비즈니스의 세계 아닌가.

"원래 꿈은 국제기관에서 일하는 거였죠. 어려서부터 키가 커서 나는 국제용이라고 생각했어요. 중학생 때 이미 171센티미터였습니다. 반 친구들이 허리에 오고 선생님들이 나보다 작았어요. 어린 마음에 너무 창피해서 이불을 뒤집어쓰고 울기도 많이 울었죠. 그러다 어느 날, 안 되겠다 싶더라고요. 그래서 스스로에게 결단을 강요했죠. 부끄러운 마음을 갖고 소심하게 살 것인가, 아니면 리더가 될 것인가. 결정하자! 물론 적극적인 리더가 되기로 마음을 먹었죠. 큰 키는 부끄러운 일이 아니었어요. 적극적인 리더가 되자고 마음먹고부터는 모든 것이 달라졌습니다. 정말 리더가 된 듯했어요."

칭기즈킴, 김성주 회장. 그녀가 혹여 지나치게 큰 키에 움츠러들었다면, 부모님의 교육대로 '시집만 잘 가면 그만'이라는 생각으로 살았다면, 그녀의 현재는 어땠을까? 부모님이 생각했던 그녀의 미래와 그녀가 생각했던 미래는 전혀 다른 것이었다. 그녀의 부모님은 현모양처를 그렸지만, 그녀는 마음속에 여성 리더를 그렸던 것이다. 결국 그녀의 현재는 과거에 그녀가 그렸던 미래 그대로 실현된 것이다.

자기 자신을 바라보는 눈이 달라지면 세상을 바라보는 눈도 달라진다. 다트머스대학 김용 총장의 이야기를 들어보자.

세상은 당신을
필요로 한다

2008년 8월 햇살이 뜨거웠던 그날, 다트머스대학의 캠퍼스에 도착하자 내 입에서는 나지막한 한숨이 터져나왔다. '이 대학을 통째로 한국으로 가져가고 싶다!' 이런 욕심이 가슴 밑바닥부터 툭 치고 올라왔다. 바로 이 대학, 미국의 아이비리그 대학 중에서도 가장 들어가기 힘들다는 이 명문 대학의 총장을 아시아인 최초로 한국인이 맡았다는 것은 대단히 기분 좋은 일이었다. 나는 미국의 역사보다 더 긴 역사를 갖고 있는 대학의 잔디밭을 꾹꾹 눌러 밟듯 걸어서 총장실에 도착했다. 문을 열고 들어서니 김용 총장보다 나를 먼저 반기는 것은 커다란 붓글씨 액자였다.

"仁術 濟世"

바로 "인술 제세"였다. 사람을 살리는 어진 기술로 세상을 구제하겠다는 뜻이다.

김용 총장과의 대화는 자연스럽게 인술 제세에 대한 그의 생각으로 시작되었다. 시간을 맞추기 위해 급히 온 듯한 그는 이마에 송글송글 맺힌 땀을 닦을 겨를도 없는 듯 설명에 열심이었다. 전형적인 성실한 사람의 인상이다. 인텔리 중의 인텔리인 그는 의외로 너무나 부드러운 인상으로 친절하게 설명을 이어갔다.

"제 생각에 인술 제세는 인술로 세상을 다스린다, 그러니까 의학을 공부하되 훌륭한 의사가 된다는 개인적인 목표만 생각한다든지 자신의 명예를 위한 의술만 생각한다든지 하는 것이 아니고, 사람의 질병이나 고통에 대해 헤아려봄으로써 사람 자체에 대해 생각해보고 결국 가난하고 질병의 고통에 시달리는 사람들을 위해 기여해야 한다는 의미입니다."

잠깐 여기서 다트머스대학의 총장 자리라는 것이 미국에서 어떤 위상을 가지는지 살펴보자. 일단 아이비리그의 총장이 된다는 것은 개인으로서 쉽게 갖기 힘든 대단한 명예라는 사실은 굳이 설명하지 않겠다. 미국 아이비리그 여덟 개 대학의 총장은 실제로 임기가 없다. 1년 혹은 2년 단위로 계약을 하지만 대부분은 대단한 실책이 없는 한 종신에 가깝다. 한번 총장직에 앉으면 10에서 20년 정도 그 자리에 머문다. 그러니 총장직이라는 자리가 공석이 되는 것이 그리 자주 있는 일이 아니다. 그러다 보니 새 총장을 뽑는다는 공고가 나면 수백 명의 유능한 인재들이, 대개 다른 대학에서 학장이나 총장을 지낸 사람들이 지원한다. 총장선출위원회는 대단히 까다로운 심사 절차를 거쳐 한 명의 총장을 선출하게 된다. 임기가 시작되면 몇십 년을 가곤 하니 훌륭한 총장을 뽑기 위해 절차가 까다로운 것은 당연지사다. 김용 총장이 선발되던 때도 무려

400여 명의 지원자가 있었고 김용 총장 스스로도 절대로 선발될 일이 없으리라 생각할 정도로 각축이 벌어졌다고 한다. 그렇다면 무엇이 그를 총장직에 오르게 했을까? 그는 이렇게 말한다.

"아마 내가 무슨 일을 해왔나, 무엇을 목표로 어떤 일을 해왔는지를 본 것 같아요."

인류학과 의학을 전공한 그는 하버드 의대를 졸업한 후 세상 사람들이 흔히 선택하는 '자신만을 위한' 길을 걷지 않았다. 그의 머릿속에는 왜 가난한 나라 사람들의 질병이 해소되지 않는지, 그 문제를 해결할 방법은 없는지 하는 생각으로 가득 차 있었다. 그는 가난한 나라 사람들이 먹고살기도 어려운데 약값이 없어 질병에까지 시달리는 상황을 해결하고 싶어했고, 실제로 그 일에 모든 것을 걸고 활동했다. 그는 WHO에서 일하면서 결핵이나 에이즈 치료제를 가능한 한 낮은 가격으로 가난한 나라에 공급하는 것에 온 열정을 쏟았다. 그는 의술이 진정 해야 할 일에 대한 올바른, 그러나 대부분의 사람들이 지키지 못하는 가치관을 갖고 있었고 그것을 행동으로 옮겼던 것이다.

그는 타고나기를 이타적으로 태어난 것일까? 그렇지 않다면 왜 그는 늘 가난과 질병, 타인의 고통에 눈을 돌리는가? 그답은 그의 어머니에게 있었다. 치과의사였던 아버지가 했던 실용에 대한 강조는 김용 총장에게 인생의 기초를 마련해주었으며, 그의 가슴속에 '인술 제세'가 살아 움직인 자리에는 그의 어머니가 있었다. 그의 어머니는 아들에게 끊임없이 이렇게 물었다.

"아들아, 넌 누구냐? 세상에 무엇을 줄 수 있다고 생각하느냐?"
"세상이 어떻게 보이느냐?"
"세상에 무엇이 가치 있는 것이냐, 누가 가장 위대한 사고를 하는 사람이냐?"
"너는 어떤 사람이 될 수 있느냐?"

그런 어머니의 교육은 김 총장이 의학 공부를 지식의 습득으로만 여기지 않고 왜 의학을 공부해야 하는지, 그 이유를 사유하도록 이끌어주었다. 그러한 교육이 김용 총장의 가치관 형성에 어떤 영향을 미쳤는지는 길게 설명할 것도 없이 다음의 한 문장으로 짐작하고도 남는다.

"우리는 작은 마을에 살고 있었어요. 그러나 우리가 생각하는 세계는 무한히 컸어요."

그의 어머니가 김용 총장에게 늘 가까이 두기를 당부했던 마틴 루터 킹의 책에는 이렇게 적혀 있다. 김용 총장의 마음속에도 아마 이와 같은 삶의 방향이 설정되어 있을 것이다.

"내가 죽거든 나를 위해 긴 장례를 할 생각을 하지 마십시오. 긴 조사도 하지 말아 주십시오. 또 내가 노벨상 수상자라는 것과 그 밖에 많은 상을 탄 사람이라는 것도 언급하지 마십시오. 그것은 하나도 중요하지 않습니다. 나는 그날, 마틴 루터 킹은 다른 사람들을 위해 살려고 노력했고 다른 사람들을 사랑하려 했으며, 전쟁에 대해 올바른 입장을 취했다는 평가를 받고 싶습니다. 또 배고픈 사람에게 먹을 것을 주고 헐벗은 사람들에게 입을 것을 주기 위해 애썼으며, 인간다움을 지키고 사랑하기 위해 몸바쳤다고 기억되었으면 좋겠습니다."

김용 총장은 동양인이 거의 없던 미국의 아주 작은 마을에서 성장했다. 인종차별이 없지 않았을 것이며 동양인 어린아이가 말 한마디도 통하지 않는 곳으로 이민을 가서 어떤 어려움을 겪었을지는 짐작할 만하다. 그러나 그는 움츠러들지 않았고 그의 생각과 마음은 크고 넓게 자라났다. 그의 말대로 어머니는 아들의 생각 속의 세상을 넓고 넓게 키워놓았다.

그는 다트머스대학의 총장 자리를 인생의 목표로 삼고 달려가지 않았다. 오히려 의술이 아닌 인술로 무엇을 할지에만 골몰했다. 총장직은 그가 쫓은 것이 아니라 옳은 방향으로 뚜벅뚜벅 걸어온 그의 앞에 어느 날 갑자기 제 발로 찾아온 것이다.

누군가 이렇게 물을 수 있다. 김성주 회장이나 김용 총장의 경우, 아무리 그들이 힘들다 해도 기본적인 환경이 평균 이상이었는데 그들의 예가 평범한, 혹은 열악한 환경에 있는 내게 어떻게 적용될 수 있느냐고. 만약 그렇다면 잠시 기다리고 이 책에 담긴 더 많은 사람들의 이야기에 귀를 기울여보자. 혹자는 바닥에서 시작해 탑을 쌓은 사람도 있고 혹자는 꼭대기에 앉아 있다가 바닥에 추락한 후 다시 올라간 사람도 있다.

무언가 성취한 그들과 나의 배경을 비교하는 것이 중요

기회는 옵니다, 누구에게나. 하지만 준비되어 있는가가 또 중요하죠. -가수 김태원

한 게 아니라, 성취한 그들이 어려운 상황을 뚫고 길을 만들어나간 방법론이 어떻게 나와 다른지만 찾아보면 되는 것이다. 그리하여 내가 처한 상황에서 내 길을 뚫고나갈 교훈을 얻는 것이 중요한 것 아니겠는가. 같은 상황에서도 좌절할 이유 10가지를 찾는 사람이 있고 뚫고나가야 할 이유 10가지를 찾는 사람이 있다. 결국 자신을 보는 시각, 상황을 보는 태도에 따라 주저앉을 수도, 일어나 박차고 나갈 수도 있는 것이다. 당신은 당신을 어떻게 바라보는가? 당신을 둘러싼 상황을 어떤 태도로 맞고 있는가?

님 에게

"우리는 작은 마을에 살고 있었어요. 그러나 우리가 생각하는 세계는 무한히 컸어요."

이 말이 우리 모두가 할 수 있는 말이었으면 좋겠어요. 예를 들면 이렇게 말이죠.

"나는 별로 자랑할 것도 없고, 별로 가진 것도 없지만 내가 생각하는 세계는 무한히 넓고 커요"라고 한다거나

"지금까지는 나를 작은 세계에 가둬두고 있어 몰랐지만 이제야 눈을 뜬 것 같아요. 내가 무대로 삼을 수 있는 세계는 무한히 크고 넓어요"라고 말이죠.

우물 안 개구리는 우화 속에나 등장하는 것 같으세요? 아니에요. 이 세상에는 천지에 우물 안 개구리가 있답니다. 스스로가 우물 안 개구리인 것을 모르면 진짜 우물 안 개구리가 되는 거죠. 종류도 제법 다양해요. 혼자 잘났다고 독불장군인 경우도 있고요(이런 경우 절대로 발전이란 것은 없죠. 주변에서는 모두 그를 피하고요). 자족안주형도 있죠(남을 괴롭히지는 않겠지만 역시 발

전이란 것은 전혀 없죠. 아마 행복이 무엇인지도 전혀 모를 걸요).
또 자학도피형도 있어요(이 경우는 정말 불행하죠. 자신의 세상이
바깥에 있는데 없다고 스스로 세뇌시켜요).

　　내 눈앞의 현실은 현재의 현실일 뿐 미래의 현실은 아니죠.
현실의 막막함이 미래에 대한 두려움이나 부정적인 생각으로 덮
이는 순간 정말로 미래는 어두워져요. 그러나 현실과 미래를 분
리해서 생각하는 순간 미래는 다른 것, 전혀 다른 것이 될 수 있
는 극적인 전환이 가능해지죠.

　　왜 넓은 세상을 내 마음속에서 좁게 만들고 그 안에 갇혀 있
을까요? 왜 희망이나 새로움이란 단어와 어울리는 미래를 절망
이나 어두움과 묶어버리려 할까요? 아니에요. 절대 아니죠. 혹시
우물 안에 있으세요? 당장 나오세요.

3장
나를 재해석하고
장악하라

끝없이 자신을
들여다보고 대화하라

인간에 대해서, 특히 인간의 '하고자 하는 의지'와 '할 수 있는 능력' 그리고 '이해하는 인지력'에 관심을 갖고 연구한 스위스의 교육학자 요한 페스탈로치(1746~1827)가 평생 연구하고 설파한 기본 원칙은 '배우고 익혀야' 한다는 것이었다. 이는 첨단의 시대에 '기본으로 돌아가라, back to the basic'는 외침이 들릴 때마다 내가 손에 들곤 하는 《논어》의 첫 구절인 "학이시습지學而時習之, 배우고 제때에 익히다"와 상통하는 말이다. 페스탈로치는 그래서 이렇게 이야기한다.

"인간은 현재의 자신 그대로 있어서는 안 된다. 퇴보할 뿐이다. 따라서 자발적 활동을 통한 경험으로 도야해야 한다."
(막스 리트케, 《페스탈로치》에서)

이 문장을 읽은 당신의 마음속에서 지금 어떠한 화학작용이 일어나고 있는가? '그래, 무언가 해야 해'라는 조급하고 초조한 마음이 생길 수도 있다. 나만 무엇을 하지 않고 정체되어 있는 느낌, 뒤로 밀려나는 느낌이 들 수도 있다. 그러나 겁부터 집어먹을 필요는 없다. 걱정한다고 해서 당신의 키가 1밀리미터도 자라지 않듯, 걱정은 그 어떤 것도 해결하지 못한다. 과도한 걱정은 초조함을 낳고 판단력을 엉망으로 만들어버린다. 그래서 할 수 있는데도 할 수 없는 인간으로 만들어버리거나 아니면 지레 자포자기하게 만들어버리는 최악의 부작용을 낳기도 한다.

이렇게 해보자. '나'를 다시 보기. '나'에 대한 재해석. '나'의 모든 것에 대해 재해석을 하는 것이다. 정작 들여다보고 연구해야 할 대상은 다름 아닌 '나' 자신이다.

'나'를 재해석하라

내가 이 책을 쓴 이유를 한마디로 요약하면 아주 간단하다. 나는 이 책을 읽는 모든 사람이 '잘 살기'를 바란다. 〈피플 인사이드〉에서 만난 100여 명의 이야기를 예화로 삽입한 까닭은 삶의 모양새가 저마다 제각각이어도, 성공한 삶을 이룬 사람들 사이에는 공통의 성공 요인이 있기 때문이다. 나는 그 공통의 요인을 가지고 '누구든 할 수 있다'는 것을 확인시켜주고 싶었다. 그리고 이 책에서 동서양 역사 속 인물들이 자주 등장하는 이유는 책을 어렵게 쓰기 위함이 아니다. 동서고금을 막론하고 인류의 핵심 가치와 핵심 진리는 몇 가지가 안 된다는 사실을 다시 확인하고, 그 핵심 가치만 철저히 지키면 지금이라도 더 멋진 삶을 살 수 있음을 객관적으로 이야기하기 위함이다.

겁부터 집어먹을 필요는 없다. 걱정한다고 해서 당신의 키가 1밀리미터도 자라지 않듯, 걱정은 그 어떤 것도 해결하지 못한다. 과도한 걱정은 초조함을 낳고 판단력을 엉망으로 만들어버린다.

그러니 '인간은 현재 그대로 있어서는 안 된다'는 구절을 읽고 미리 겁부터 낼 필요는 없다. 다만 이렇게 해보자. '나'를 다시 보기. '나'에 대한 재해석. '나'의 모든 것에 대해 재해석을 하는 것이다. 정작 들여다보고 연구해야 할 대상은 다름 아닌 '나' 자신이다.

우리는 마음이 급할수록 엉뚱한 데서 헤매거나, '당장 3일 안에 체중을 10킬로그램 뺄 방법은 없을까?'라는 식으로 그저 달려들기만 한다. 그래서 작심삼일밖에 안 되는 것이다. 목표 설정이 잘된 것은 고사하고 목표가 무엇인지조차 모르고 있거니와, 동서남북을 분간하지도 못하면서 방향 설정을 하려고 덤비기도 한다. 이제 하나씩 재해석해보자. '나'에 관한 모든 것에 대해서. 출발점이 잘못되면 백날 노력해봤자 목표점에 도달할 수 없다. '나'를 아는 것, 제대로 보는 것이 모든 것의 출발점이다.

작심삼일, 도대체 나는 뭐가 문제지?

'인생을 잘 살아봐야겠다'고 마음먹는 사람들이 공통적으로 하는 일 가운데 하나, 또는 해마다 1월 1일만 되면 많은 사람들이 달려드는 일 가운데 하나가 '계획표 짜기'다. 그렇다. 계획이 있어야 실행도 있고 결과도 있다. 그런데 웬만해서는 그 계획표라는 것이 실행 단계로 넘어가지 못한다. 단지 '계획이란 것을 세웠다'는 자기만족에서 그치는 경우가 대부분이다. 차라리 거기서 끝나면 좋으련만, 생각이 자기 비하로 이어지기도 한다. '나는 안 돼' '나는 늘 이래. 작심삼일도 못 가' 등의 생각은 자신을 스스로 '아무것도 못하는 사람'으로 세뇌시키는 것이다. 부정적인 자기 이미지를 만드느니 차라리 그 어떤 일도 하지 않는 편이 더 낫다. 부정적인 자기 이미지가 뇌리에 박히면 정말로 아무것도 안 되는 사람이 된다. 생각을 여기서 멈추고 점검에 들어가야 한다. 무엇이 문제인가? 답은 가까이에 있다. 계획의 목적 부분부터 흔들렸기 때문이다.

자기 동기화self motivation 란 말이 있다. 모든 인간은 스스로 동기부여가 되어야만 최상의 실행력과 성취력을 보인다. '왜 나는 이렇게 의지가 박약하지?'라고 머리를 쥐어박을 필요는 없다. 스스로 동기부여를 한다는 것은 '마음을 굳게' 혹은 '의지를 불태워서'라고 외친다고 되는 것이 아니다. 목표가 분명하고, 그 목표의 목적이 자기 스스로에게 확실히 수용되었을 때에만 발현된다. 자신이 세운 목표와 목적이 머리만으로 수긍되는 것이 아니라 마음으로 수긍되어야만 자아 전체가 반응해서 역사를 만들어낼 수 있다. 다만 지금까지 그러한 과정이 당신에게 결여되었을 뿐, 당신 자체에 문제가 있는 것은 아니다.

부정적인 자기 이미지를 만드느니 그 어떤 일도 하지 않는 편이 낫다. 부정적인 자기 이미지가 뇌리에 박히면 정말로 아무것도 안 되는 사람이 된다. 생각을 여기서 멈추고 점검에 들어가야 한다.

남들이 말하는 성공 말고
내가 바라는 성공이란?

성공은 우리 시대에 언어 인플레이션이 가장 심한 단어 중 하나다. 언어 오염도 심하다. 애초에는 좋은 말이었을 테지만, 오용되고 남용되다 보니 본래 뜻을 잃어버렸다. 세상에서 말하는 성공이 우리 모두가 목숨 걸고 지향해야 할 유일한 답도 아니고, 성공의 객관적 정의가 쉽지 않음에도 그 잣대는 획일적으로 그어진다.

그럼에도 많은 사람들이 성공하고 싶다고 말한다. 부모 혹은 사회의 요구에 의해서 성공이란 것을 해야 한다고 생각한다.

다시 한번 생각해봐야 한다. 내가 생각하는, 내가 진정 원하는 성공이란 무엇인지. 결국 성공이라는 것은 내가 내게 부여하는 삶의 의미를 완수하는 것, 혹은 가까이 가는 것 아니겠는가.

성공이란 거대한 무엇이 도대체 어떻게 생긴 것인지는 모르지만, 자신을 공부에 밀어넣고 '다 나중에 네가 어른이 되었을 때 잘 살라고 하는 거야' 또는 '성공해서 훌륭한 사람이 돼야지'라고 말하는 부모님, 어른, 혹은 사회의 이야기를 반복적으로 들으며, 무엇인지 모를 그것이 '내 것이 되어야 하나보다'라고 생각한다. 대학이나 고등학교를 졸업하고 사회인이 되면, 개개인의 신분은 학생에서 사회인, 성인으로 순식간에 바뀌어버린다. 그리고 사람이 불과 몇 달 사이에 갑자기 성장하거나 성숙할 수 없건만 책임과 의무라는 것을 지게 된다. 정신을 제대로 차릴 틈도 없이 이마에 띠 두르듯이 머리에 새겨지는 구호 하나. '나도 성공하고 싶다.'

그러나 사회가 어디 그리 호락호락한가. 지원하면 떨어지기 일쑤, 입사란 것을 해도 밀리고 치이기 일쑤. 트랙 위에 올라가긴 했는데, 그래서 뛰기는 정신없이 뛰고 있는데 속은 편치 않다. 오히려 두렵다. '나 지금 어디로 뛰고 있는 거니?'라고 물어야 하는 상태다. 그러니 트랙 위에 올라가지도 못한 사람의 불안은 가히 살인적이다.

여기서 정신을 차리고 다시 한번 생각해봐야 한다. 괜히 늘상 불안하고 초조했던 마음을 다스리고 차분하게 생각해볼 일이다. 그리고 가만히 스스로에게 물어보는 것이다. 내가 생각하는, 내가 진정 원하는 성공이란 무엇인지. 결국 성공이라는 것은 내가 내게 부여하는 삶의 의미를 완수하는 것, 혹은 가까이 가는 것 아니겠는가. 그것이 무엇인가? 성공을, 아니 내가 생각하는 성공의 정의를 다시 정리해보는 것부터 단추를 하나하나 다시 꿰어보자.

'나는 나를 어떻게 보는가' '나는 나를 얼마나 신뢰하는가' '나는 나를 얼마나 좋아하는가' '나는 나를 얼마나 존중하는가' 등이야말로 스스로에게 가장 먼저 던져야 할 질문이다.

나는 믿을 만한 존재다

'나'의 재발견은 내가 진정 원하는 것과 내가 진정 잘할 수 있는 것, 내가 진짜 행복한 것을 재점검하는 작업에서 출발해야 한다. 최대한 객관적으로 가장 냉정하게 스스로를 정확히 보려고 노력해야 한다. 이는 전작 《자기설득파워》에서 자세히 이야기했기 때문에, 여기서는 자기이미지 재구축에 대해서만 생각해보자.

'나는 나를 어떻게 보는가' '나는 나를 얼마나 신뢰하는가' '나는 나를 얼마나 좋아하는가' '나는 나를 얼마나 존중하는가' 등이야말로 스스로에게 가장 먼저 던져야 할 질문이다. 사회가 제시하는 성공의 잣대에 세뇌된 사람은 다른 사람들이 좋다고 생각하는 것을 자신이 좋아하는 것이라고 착각하며 사는지도 모른다. 이런 사람들은 남에게 보여주기 위한 무엇을 하는 데 너무 많은 에너지와 시간을 쏟아붓는다. 스스로가 인정해서 행복한 것이 아니라, 남들이 인정해줄 때 행복해한다. 물론 사회적 동물인 인간에게 '인정받고자 하는 욕구' 또한 본능에 가깝다. 그러나 오직 남이 보는 나에 대해서만 신경 쓰는 한, 내 인생에서의 궁극적인 성공이나 완성은 불가능한 일이 된다. 내가 나를 어떻게 바라보고 있는지, 우선은 자기 이미지를 바람직한 모습으로 만드는 작업부터 해야 한다. 타인의 인정은 내가 나를 인정한 뒤에야 따라온다.

긍정적 자기 이미지를 만드는 일은 단 한 번에 완성되는 작업일 수 없다. 이는 점진적으로 완성되는 과정이다. 뇌와 마음에 자신에 대한 좋은 기억

자기 스스로에게는 거만해져야 한다고 생각해요. 학생들한테 강의를 할 때 그럽니다. 정말 훌륭한 요리사가 되고 싶다면 자기 스스로가 벌써 훌륭한 요리사가 되어 있다고 생각하라는 거죠. 공주병에 걸려야 공주가 될 수 있는 확률이 생깁니다. -쉐프 에드워드 권

을 하나씩 하나씩 주입해야 한다. 허들 넘기에 비유하면 이렇

다. 처음부터 너무 높은 허들 앞에 서서 '넘지 못해' '할 수 없어' '능력이 안 돼' 등의 부정적 자아 이미지를 주입해서는 안된다. 성취 가능한 목표를 설정해두고 성취해보는, 무언가 만들어내는, 자신을 이겨내는 그런 긍정적 기억을 하나씩 만들어가야 한다. 자신과의 약속을 지키는 연습도 해야 한다. 스스로에게 한 약속을 지키는 습관을 들여야 한다. 그런 긍정적인 기억과 실천이 하나둘 쌓일 때 자신도 모르는 사이에 자기 내부에서는 '나는 믿을 만한 존재다'라는 인식이 자리 잡기 시작한다. 너무 어려워 보이는, 내 능력으로 안 돼 보이는 일이 갑자기 떨어지더라도 긍정적 자아 이미지가 형성되어 있는 사람이라면 잠깐은 두렵고 위축될 수 있지만, 이내 '전에도 해봤잖아. 할 수 있을 거야'라는 마음이 들게 되고 '한번 해보자'라는 도전적 자신감이 생길 것이다.

따라가지 말고, 휩쓸리지 말고, 구별 지어라

그림에는 배경과 인물이 있다. 인물은 배경과 구분된다. 인물에 테를 두르고 '여기예요'라고 하지 않아도 구분되어 드러난다. '나'를 배경에 묻히게 하지 말고 구별되게 해야 한다. 무대에 올라가는 주인공이 되라고 이야기하는 것이 아니다. 주변 상황에 휩쓸리거나 그것을 따라가지 말라는 것이다.

대학 입시에서 각 과의 경쟁률을 보면 의외로 많은 사람들이 확고한 주관 없이 휩쓸리고 따라간다는 것을 알 수 있다. 대학의 전공을 정하는 것은 인생에서 중요한 결정이건만, 사람들은 그것조차 스스로 정하지 못하고 남들을 따라간다. 대학 측의 이야기를 들어보면 이런 현상은 분명하다. 〈제빵왕 김탁구〉라는 드라마가 인기를 끌자 갑자기 조리학과의 경쟁률이 치솟았다거나, 호텔리어 이야기가 화제가 되자 호텔경영학과의 경쟁률이 높아졌다는 등의 이야기를 듣고 나는 충격을 받았다. 지금 있는 직업 가운데 절반 정도는 10년이나 20년 후에는 사라진다고 한다. 직업을 선택할 때 세상의 추이에 대해 눈감고 있을 수는 없는 노릇이다. 하지만 그렇게 화제가 되고 그렇게 많은 사람들이 몰려드는 분야라면, 그 길에서의 경쟁은 또 얼마나 치열하겠는가.

그 분야에서 나 말고 그 일을 잘할 수 있는 인력은 또 얼마나 더 많겠는가.

> 남과 구별되는 관심, 남과 구별되는 열심, 남과 구별되는 정직, 이런 것도 없단 말인가. 찾으면 있다! 남과 구별될 나만의 무엇을 만들어야 한다.

따라가지 말고, 휩쓸리지 말고 내가 다른 사람과 구별될 무엇이 있도록 만들어야 한다. 내 안에 있는 특이점, 나만이 갖고 있는 장점 혹은 강점을 찾아내, 다른 사람과 구별되는 무엇을 만들어야 한다.

세상을 무서운 곳으로, 경쟁의 구도로만 바라보지 말고 관찰의 대상으로, 학습의 장소로 생각하고 바라보면 어떨까. 같은 세상도 다르게 보인다. 그렇게 되면 무엇보다 삶을 대하는 태도가 달라진다.

만약 내가 가고 싶은 분야가 나 말고도 많은 사람들이 원하는 곳이라면, 그때는 남과 구별될 만큼 확실한 능력을 발휘할 수 있도록 노력해야 한다. 나는 아무리 들여다보아도 남다른 무엇이 없다고 한다면, 그건 거짓말이다. 제대로 자세히 찾아보지 않은 것이다. 남과 구별되는 관심, 남과 구별되는 열심, 남과 구별되는 정직, 이런 것도 없단 말인가. 찾으면 있다! 남과 구별될 나만의 무엇을 만들 수 있다.

능력의 문제가 아니라 태도의 문제다

가수 김장훈을 인터뷰할 때 그가 했던 인상적인 말이 있다. "지는 습관이 생길까 봐 끝까지 해요." 좋은 표현이고 필요한 태도다. 경쟁 구도에서 '이겨라, 이겨야 한다'라는 의미가 아니다. 의지가 약해 자꾸 자신에게 져 버릇하는 습관은 나약한 인간을 만든다. 다트머스대학 김용 총장의 "성공한 사람은 능력이 아니라 인내가 있는 사람이다"라는 말이나 MCM 김성주 회장의 "삶은 지능의 게임이 아니라 근면의 게임이다"라는 말의 맥은 서로 통한다. 무언가 성취하려 노력했던 그들은 같은 진리를 깨달았다. 많은 사람들이 제대로 시도도 해보기 전에 나는 안 된다며 본인의 능력을 과소평가하고 '지는 연습'을 반복하는 것 같아 안타깝다.

세상을 바라보는 시각도 되짚어봐야 한다. 세상을 무서운 곳으로, 경쟁의 구도로만 바라보지 말고 관찰의 대상으로, 학습의 장소로 생각하고 바라보면 어떨까. 같은 세상도 다르게 보인다. 그렇게 되면 무엇보다 삶을 대하는 태도가 달라진다. 일상을 지루하다고 생각하면 생각대로 지루한 일상이 되고, 그렇게 생각하는 자신도 지루한 사람이 된다. 일상에서의 창조적 발견은 세상을 바라보는 시각을 달리하는 데서 비롯된다. 김용 총장은 다트머스대학의 학생들에게 "세상에 대한 호기심을 갖고 무한한 경험을 쌓아라"라고 입이 닳도록 강조한다. 호기심 가득한 눈으로 관심을 갖고 세상을 바라보면 '호기심 천국'이 되는 것이다.

해답이란 조금 시간이 걸리더라도 탐색의 과정에서 발견할 수 있다. 서두르면서 답이 없다고, 답을 모르겠노라고 스스로를 들볶지 말자. 시간이 걸릴 수 있다. 조급할 것 없다. 조급히 서두른다고 해서 빨리 도착하는 것은 결코 아니다.

조급해한다고
빨리 도착하지 않는다

"미래의 달러는 지식이다."
수년 전 세계은행의 부총재가 한 말이다. 우리는 이미 지식정보사회에 살고 있다. 인터넷이 등장한 이후 우리가 사는 세계는 급속한 지각변동을 겪고 있다. 누구나 정보에 접근할 수 있는 시대가 되었으므로 누구나 정보의 힘을 가질 수 있다는 말이 퍼진 지는 이미 오래되었다. 그러나 사람들은 '지식정보'라는 말은 그렇게도 자주 입에 올리면서도, 정작 지식과 정보를 쌓는 데에는 오히려 더 태만해진 듯하다. 《로마인 이야기》를 쓴 시오노 나나미는 이런 말을 했다.

"요즘처럼 응용은 많아도 발명이 적은 것은 왜일까. 보다 간략하고 빠르게 해답만 찾기를 환영하는 요즘, 물음의 중요성을 강조하는 나는 마이너리티 중에 마이너리티인지 모른다."
(시오노 나나미, 《침묵하는 소수》에서)

나에 대한 재해석은 나를 제대로 바라보는 작업이지만, 나를 제대로 대접하는 작업이기도 하다. 내 인생이 진정 소중한 그 무엇이 되기를 원한다면 스스로를 소중하게 다루어야 한다.

그녀는 이 말을 통해 지식과 지식의 습득을 통한 진리에의 접근은 결코 쉽지 않음을 강조한다. 그러면서 질문을 통해 답을 얻어가는 철학적 관점에 다시 다가가보자고 한다. 그녀는 철학이란 삶과 유리된 딴 세상 이야기가 아니라 우리의 삶과 밀접하며, 물음을 통해서 삶을 배워가는 삶의 한 방법이라고 생각한다. 아울러 과거 이오니아학파 철학자들은 철학만

하는 철인이 아니라 누구보다도 비즈니스를 활발히 한 실업인이었음을 환기한다. 그리고 철학은 우리가 현실에 발을 딛고 살아가는 방법을 찾도록 도와주는 방법이었으니, 가끔은 철학으로 되돌아가보자고 권유한다. 그녀는 철학을 삶을 지혜롭게 살게 하는 하나의 실용적인 도구로 본 것이다.

지난해 갑자기 사람들이 "정의란 무엇인가"에 대해 관심을 가졌지만 정의라는 개념은 어디서 갑자기 불쑥 튀어나온 것이 아니다. 이미 플라톤이 〈국가〉에서 고민하고 질문했던 내용이다. 물론 시대의 흐름과 세태가 다시금 정의에 대한 갈망과 욕구를 낳았겠지만, 인류는 반복적으로 같은 질문을 던져왔다. 시오노 나나미가 지적하듯 우리는 해답을 빨리 찾을 궁리만 한다. 해답이란 조금 시간이 걸리더라도 탐색의 과정에서 발견할 수 있다. 서두르면서 답이 없다고, 답을 모르겠노라고 스스로를 들볶지 말자. 시간이 걸릴 수 있다. 조급할 것 없다. 조급히 서두른다고 해서 빨리 도착하는 것은 결코 아니다. 내 안에서 답을 찾고 싶다면 일단 채워야 한다. 채워야 나올 것이 생긴다. 정보나 지식을 쌓을 노력은 게을리하면서 기계로 찍어내듯 무언가 빠른 답, 빠른 성과를 기대하는 것은 모순이다. 숙명여대 한영실 총장은 이런 말을 했다.

"저는 모든 것이 훈련이라고 생각하거든요. 교육도 훈련이죠. 책을 많이 읽으라면 학생들은 '또 그 소리'라고 할지 모르 겠지만, 그게 정말 중요합니다. 저는 책을 살 때마다 미안한 마음이 들어요. 책 한 권이 만 원, 2만 원 하는데 '저자가 이 책 한 권을 쓰는 데 얼마나 많은 힘을 쏟고 얼마나 많은 고생 을 했을 텐데, 내가 단돈 만 원에 어떻게 이 사람의 사상과 생 각을 가질 수 있을까' 하는 생각이 들거든요. 결국 자기 정체 성을 확립하고 사고의 폭을 넓혀야 창조성이 나오고 다른 것 에 대한 이해가 생기거든요. 그런데 모든 것을 다 경험할 수 없으니까 그런 것을 채워넣는 방법은 독서밖에 없습니다."

마음에 비전이 있는 사람은 자신 스스로 성 공을 정의한다. 즉 세상에서 좋다고 말하는 대학에 가서 취직 잘하고, 잘 벌고, 잘 먹고, 잘 살고 하는 식의 성공 잣대를 그대로 따르 는 게 아니다. 자신의 삶에 의미를 주는 성 공을 스스로 재정의하는 것이다. 그 지점을 향해 달려가는 사람은 크리티컬 매스에 도 달할 수 있다. 그리고 크리티컬 매스를 폭발 시켜 도약할 수 있다.

책뿐만이 아니다. 나를 채 워줄 공급원이라면 무엇이든 찾아서 내 안을 채워야 한다. 나에 대한 재해석은 나를 제대 로 바라보는 작업이지만, 나를 제대로 대접하는 작업이기도 하다. 내 인생이 진정 소중한 그 무엇이 되기를 원한다면 스스로를 소중하게 다루어야 한 다. 소중한 존재로 대접받으려면 소중한 존재가 되어야 한다. 그 소중한 것을 소중한 것으로 채우는 작업을 해야 한다.

확고한 비전이 있다면
지치지 않는다

나에 대한 재해석이 끝났다면, 마지막으로 할 일은 나아갈 방향을 바라보는 것이다. 이 책의 주제는 크리티컬 매스다. 내 안에 크리티컬 매스가 쌓여야만 폭발이 일어난다. 무언가 성취한 사람들은 크리티컬 매스가 쌓일 때까지 내부에 필요한 많은 것을 채워넣었다. 성취한 사람과 그렇지 못한 사람들의 차이는 '능력이 있다, 없다'의 차이도 아니고 '크리티컬 매스가 있다, 없다'의 차이도 아니다. 다만 차이가 있다면, '크리티컬 매스가 쌓일 때까지 견뎠느냐, 중도에 포기했느냐' 하는 것이다.

1장에서 이야기했듯이 내가 원하는 폭발을 이뤄내기 위해서 채워야 할 크리티컬 매스가 어느 정도인지를 정확히 알 수 없기 때문에, 목표까지 정말 아슬아슬하게 모자란 상태에서 포기할 수 있다. 크리티컬 매스까지 단 1퍼센트가 부족했다는 사실을 스스로는 알지 못한 채 좌절하고, 또다시 부정적 자기 이미지만 만들고 멈춰버릴 수 있다. 나도 모르는 사이에. 억울하지 않은가.

그렇다면 크리티컬 매스에 이르는 사람과 번번이 목전에서 포기해버리는 사람의 차이는 무엇일까? 나는 그 차이를 비전의 차이라고 본다. 사격을 하거나 멀리 던지기를 할 때, 늘 하는 말이 있다. '목표를 바라보라, 보이지 않더라도 마음으로 점을 찍어두고 바라보라.' 내가 던질 목표점을 마음에 찍고 그곳으로 던지라는 이야기다. 나를 달려가게 할 점을 미래의 시간에 찍어두는 것. 그것을 보고 달려야 지치다가도 '여기서 멈출 수 없다'는 투지가 생겨나고, 나태한 자신과 싸울 수 있으며, '한 번 더'를 외칠 수 있는 것이다. 내가 바라보는 것, 마음에 점을 찍고 달려가게 하는 것, 그것이 비전이다.

마음에 비전이 있는 사람은 자신 스스로 성공을 정의한다. 즉 세상에서 좋다고 말하는 대학에 가서 취직 잘하고, 잘 벌고, 잘 먹고, 잘 살고 하는 식의 성공 잣대를 그대로 따르는 게 아니다. 자신의 삶에 의미를 주는 성공을 스스로 재정의하는 것이다. 향해서 달려갈 목표점, 비전이 자신이 생각하기에 포기할 수 없는 가치로 분명하게 설정되어 있는 사람은 혹시 중간에 지쳐도 크리티컬 매스를 달성할 때까지 그 푯대를 향해 달려갈 수 있다. 그리고 궁극에는 크리티컬 매스를 폭발시켜 도약할 수 있다.

> 나의 꿈이요? 이룰 수 없는 꿈이죠. 그 꿈을 제가 말해버리면 다 날아갈 것 같아요. 그래서 항상 마음속에 가지고 있고 싶어요. 아마 못 이룰지도 모르겠지만, 중요한 것은 제가 매일매일 그 꿈을 생각한다는 것, 가지고 있다는 것, 절대 잊어버리지 않겠다는 마음인 것 같아요. -발레리노 김용걸

내가 인터뷰한 사람들, 우리가 '저 사람은 뭔가 특별했겠

지' '저 사람은 뭔가 우수했겠지' 혹은 '저 사람은 뭔가 뒷받침이 있었겠지'라고 짐작할 만한 그런 사람들은 한결같이 이야기한다. "죽을 듯이 노력했다"고, "자신은 결코 천재가 아니다"라고. 행여 그들의 말에 다소의 과장이 있고 또 그들이 타고난 무언가의 덕을 보았다고 하더라도, 나는 "죽을 듯이 노력했다"는 그들의 말에 방점을 찍고 싶다. 왜냐하면 그렇게 믿는 것이 내가 내 길을 걸어갈 용기를 얻고자 할 때 자극이 되고 도움이 되기 때문이다. 몇 번의 운은 따라올지 모른다. 하지만 누구라도 인생의 매 순간 운이 따라주지는 않는다. 왜 내게는 기회가 오지 않느냐고 물을 필요는 없다. 기회가 오기를 기다리지 말고 내가 기회를 만든다고 생각하라.

우리는 때로 참 어리석어서 내 손이 비어 있을 때는 영원히 비어 있을지도 모른다고 착각하거나 불안해하고 손에 무언가를 잡고 있을 때는 마치 그것이 영원히 내 것인 양 자만하고 나태해진다. 하지만 우리의 인생은 완성형이 아니라 진행형이라는 것을 기억하고 잊지 말아야 한다. 다 놓친 것 같지만 정말 기가 막히게도 새로운 기회가 다가오고, 다 이룬 것 같지만 어느새 다시 손가락 사이로 모래 흩어지듯 사라지기도 한다.

나는 아침에 눈을 뜨자마자 일어나서 늘 습관처럼 하는 일이 있다. 내 머리 위에 손을 얹고 축복기도를 해주는 것이다. 하루를 잘 살아낼 새 기운을 내게 불어넣기 위함이다. 결국 그 하루하루가 벽돌처럼 단단히 차곡차곡 쌓일 것임을 잘 알기 때문이다. 그리고 뚜벅뚜벅 내가 정한 길을, 가기로 정한 길을 걷는 것이다. 내 인생의 궁극적 목적으로 정한 푯대를 향하여. 이제 다시 만난 당신 자신과 함께 비전을 품고 첫 걸음을 당당히 떼어보라.

4장
할 수 있다
믿는다
괜찮다

어둠 속에도
빛은 살아 있다

흔히들 말한다. 인생에 세 번의 기회가 온다고. 사실 그 기회라는 것은 세 번 올 수도 있고, 야박하게 한 번만 올 수도 있고, 아니면 서른 번이 올 수도 있다. 이미 성취한 이들은 기회에 대해 이렇게 말한다. "기회는 오죠. 누구에게나. 다만 중요한 것은 그 기회가 왔을 때 내가 준비되어 있느냐는 겁니다."

전작 《뜨거운 침묵》에서 말했듯이 누구나 양지에 서 있을 수도 있고, 음지에 서 있을 수도 있다. 그러나 양지나 음지는 현재의 상황일 뿐이다. 혹시 지금 그늘에 서 있다고 해도 그것은 그저 잠시 동안의 그늘일 뿐이다. 두려워해야 하는 것은 그늘이 아니다. 오히려 준비 없이 있다가 '그때'를 놓쳐버리는 것이다. 그늘 속에서도 넘어지지 않고 앞으로 나아갈 수 있도록 격려해주고 붙잡아줄 수 있는 것은 오직 나 자신뿐이다. 그늘에 서 있는 시간은 결코 좌절의 시간이 아니다. 맨발로 열정적인 무대를 선사하는 가수 이은미는 "기다리는 자에게 기회가 오고, 준비된 자만이 그 기회를 완성시킬 수 있다"고 했다. 시행착오 없이 살기를 바라는가. 그것은 교만한 바람이다. 부딪히고 넘어지고 일어서면서 다가올 기회를 기다리며 준비해야 한다.

준비된 자가
기회를 완성한다

역사 속 인물 가운데 음지에서 양지를 준비한 인물들의 예는 헤아릴 수 없이 많다. 가톨릭교회에서 최고의 교부로 추앙받는 아우구스티누스도 회심하기 전까지는 한마디로 문제아였다. 그는 《고백록》에서 밝혔듯이 불량배들과 어울렸고 단지 재미삼아 도둑질도 마다하지 않았으며, 정욕을 채우기 위해 일탈에 빠진 적도 있었다고 고백했다. 한때는 방탕과 방황의 젊은 시절을 보낸 짙은 그늘 속의 인물이었던 것이다. 그런 그였지만 손에는 늘 아리스토텔레스가 쓴 책을 위시한 라틴어 고전이 들려 있었다. 그 시절 그에게 책 읽기는 놀이였으며, 그 독서가 밑바탕이 되어 결국 초대 그리스도교 교회가 낳은 위대한 철학자이자 사상가가 되었다. 그를 제쳐두고는 중세 사상을 논할 수 없을 정도로 그의 위치는 오늘날까지도 독보적이다.

제가 저를 보고 매번 하는 얘기가 있어요. '세상이 너를 버려도 나만은 너를 지켜준다.' 그리고 '네가 세상 어디를 가든지 나는 너와 함께 간다.' 그런 얘기를 막 수없이 하는 거예요. –희망연구소 소장 서진규

고려시대 최고의 시인이자 관료인 이규보는 어떤가. 그는 삼수생이었다. 요즘으로 치면 최고의 입시 학원이었던 구재학당까지 다녔건만 과거에 합격하기 전까지 내리 세 번을 보기 좋게 미끄러진 삼수생이었다. 합격하고도 본격적인 벼슬길은 8년 뒤에나 열렸다. 그러나 한번 벼슬길에 들어서자 무섭게 성장했다. 일흔 살로 퇴직할 때 이규보의 서열은 금자광록대부(고려시대 종2품 문관의 품계)였고, 그 외에도 여섯 자리에 이르는 벼슬을 겸했다고 한다. 이처럼 대단했던 이규보는 수험생과 임용대기의 시기에 무엇을 하며 시간을 보냈을까? 그는 난독亂讀이라 할 만큼 엄청난 양의 독서와 난필亂筆이라 할 만큼 엄청난 양의 창작을 하고, 내키는 대로 산행을 다녔다고 한다. 한국문학사에서 가장 빛나는 서사시 〈동명왕편〉은 이규보가 그저 임용 대기자에 불과했던 20대 중반에 쓴 작품이다.

그런데 이쯤에서 누군가 말한다.

'나도 그 정도는 알거든요. 나름 준비하려고 해요. 누구보다 그늘에 서 있는 내 마음이 제일 타들어간다고요. 그래서 준비하고 싶죠. 그런데 그게 작심삼일, 그늘의 시간은 길고 내 의지는 보잘것없고…'

안다. 작심삼일. 나도 작심삼일할 때가 더러 있다. 운동만 해도 그렇다. '운동을 해야지' 해놓고 3일을 넘겨본 적이 없다. 어느 날 작심삼일을 극복하지 못하는 내 자신이 너무 미워서 운동 매트 위에 앉아 곰곰이 생각을 해봤다. 그런데 운동을 왜 해야만 하는지 분명한 목적이 없었다. 그저 '운동을 좀 해볼까? 다들 좋다고 하니까…' 그 정도였다.

내가 마음을 바꾼 건 순전히 하나. '책임감'이라는 단어가 떠올랐기 때문이다. 내 몸 하나 건강하게 지키지 못한다면 무엇을 할 수 있겠는가. 이런 생각을 한 뒤에야 왜 운동을 해야 하는지 분명한 이유가 생겼고, 운동의 목표도 보였다. 그리고 그간 운동에 관한 한 나 자신에 대한 믿음이 없었다는 사실도 알게 되었다. 그저 '나는 못 한다, 할 수 없다'고 단정했다. '할 수 있다'는 믿음이야말로 힘겨울 때마다 나를 일으켜

> 인생의 성패는 능력 자체의 문제라기보다 그 문제를 대하는 태도에서 판가름이 난다. 단지 능력이 부족해서 일어서지 못하는 것이 아니다. 문제를 어떻게 바라보고 어떻게 대하는가 하는 태도에 달렸다.

세우는 동력이 되어주었는데 나는 이미 내 안에 존재하고 있는 그 힘을 스스로 믿지 않았던 것이다.

그늘에서 일어서지 못하고 있다면, 일어서고 싶지만 자꾸 주저앉는다면, 자기 자신에게 따뜻하고 진지한 목소리로 말을 걸어보라.

'너 왜 그러니? 넌 할 수 있어!'

물론 운동이라는 내 작은 경험이 지금 당신이 걱정하고 있는 당신의 미래와 관련한 그 무엇에 비해 사소한 것으로, 혹은 덜 중요한 것으로 보일지도 모르겠다. 하지만 생각해보라. 인생의 성패는 능력 자체의 문제라기보다 그 문제를 대하는 태도에서 판가름이 난다. 단지 능력이 부족해서 일어서지 못하는 것이 아니다. 문제를 어떻게 바라보고 어떻게 대하는가 하는 태도에 달렸다. 성공한 이들에게서 보이는 공통점은 바로 이 지점에서 남다른 태도를 취한다는 것이다.

자신감, 불가능을 가능으로 바꾸는 힘

전 세계적으로 팬을 확보하고 있는 칸의 감독 박찬욱은 대한민국의 모든 감독이 그렇듯 혹독한 무명 시절을 거쳐 칸에 이르렀다. 그는 영화사 연출부의

말단 직원으로 시작해 1992년 〈달은 해가 꾸는 꿈〉으로 데뷔
한 이래, 2000년 〈공동경비구역 JSA〉을 성공시키기까지 8년이
나 백수로 살았다. 물론 백수라고 해도 여느 백수와는 달리 영
화 평론이다, 시나리오 작업이다 해서 영화판에서 계속 작업을
해온 그이지만 무명 시절, 때려
치우고 싶은 순간이 왜 없었겠
는가. 이 시기에 그를 지켜낸 힘
은 무엇이었는지 궁금하다. 그
는 〈피플 인사이드〉에 출연해
서 이렇게 말했다.

성공의 힘은 그리 거창한 곳에서부터 오는
것이 아니다. '내가 내게 보내는 신뢰의 힘',
바로 그것과 비례한다. 치열한 경쟁, 좁아지
는 문, 높은 문턱, 장애물은 수없이 많다. 내
가 나를 믿어주지 않는다면 그 어떤 기적도
일어나지 않는다.

"좌절할 일이 많았고 그만둘 기회가 충분했죠. 있었죠….
많았죠…. 그런데 저는 오히려 이런 생각을 했어요. 그냥 내가
아주 재능이 뛰어나다고 스스로 믿으며, 기회만 주어진다면
놀랄 만한 영화를 만들 거라고 확신했어요. 내가 그만두면 이
것은 영화계에 정말 큰 손해, 손실일 거라고 정말 그렇게 믿었
어요. 그래서 그만둘 수 없었고 그만두지 않았습니다. 그런 생
각을 했기 때문에 지금이 있는 겁니다."

이 말을 들은 나는 잠시 어떻게 표정을 지을지 결정짓지
못하고 망설였다. 왜냐하면 대부분은 방송에 나와 이렇게 말

하지 않기 때문에 그가 이런 언어로 풀어낼 줄은 미처 상상도 하지 못했다. '뭐지? 무슨 뜻이지?'라는 생각이 잠시 머릿속을 스치는데, 그가 내 표정을 읽었던 것일까. 이렇게 덧붙이며 슬며시 웃었다.

"사실 마음속 깊숙한 곳에선 터무니없는 생각이란 걸 알고 있죠. 그러나 그런 거라도 있어야 버티고 살 수 있으니까, 좌절하지 않고 열심히 살 수 있었던 거죠. 그래서 후배들한테도 이 말을 꼭 해주고 싶어요."

그 순간 진심을 말해준 그가 그렇게 고마울 수가 없었다. 맞다. 그의 말이 옳다. 성공의 힘은 그리 거창한 곳에서부터 오는 것이 아니다. '내가 내게 보내는 신뢰의 힘' 바로 그것과 비례한다. 박찬욱 감독은 길지 않은 표현으로 소중한 비밀 하나를 우리 모두에게 알려준 셈이다. 갈수록 치열해지는 경쟁, 좁아지기만 하는 문, 주변에 뾰족이 이끌어줄 손도 없는 상황에서, 박찬욱의 말대로 나라도 나를 믿어주지 않는다면 도대체 무슨 기적이 일어날 수 있겠는가.

믿음이
일궈낸 기적

〈피플 인사이드〉 출연자였던 미국 워싱턴 주 상원 부의장 폴 신(신호범)도 한때는 깊은 그늘 속에 있었던 인물이다. 한마디로 그는 거지였다. 여섯 살 때부터 서울역 앞의 거지였다. 그가 거지였던 그 시절 대한민국도 세계에서 네 번째로 가난한 거지 나라였다. 무학이었던 그는 초등학교 문턱도 밟지 못했으며 먹을 것도 없고 잘 곳도 없어서 친구들의 체온으로 제 몸을 녹이며 살아야 했다.

그런 그가 천운으로 미군부대에서 만난 군의관에 의해 입양되어 만 열여덟 살에 미국 땅으로 건너갔다. 대학 입학할 나이에 그는 영어는커녕 한국말도 제대로 읽고 쓰지 못했다. 그런 그가 미국 대학에 들어가고 박사가 되고 미국 대학의 교수가 되고 미국 워싱턴 주 상원 부의장이 되었다.

"미국에 갔는데 대학이란 곳을 정말 가보고 싶은데, 양아버지가 보내주겠다고 데려가기까지 했는데, 어디도 들어갈 수가 없는 거예요. 초등학교도 다니지 않았기에 대학에 들어갈 자격조차 안 되었던 거죠."

좌절한 그의 등을 두드리며 양아버지는 그에게 초등학교부터 시작하자고 말했다. 그 길로 그는 검정고시를 준비했다.

대학 입학 자격을 취득하기 위해 평생 들여다본 적이 없는 수학과 물리학을 공부해야 했다. 그런데 언어가 문제였다. 학과 공부를 제쳐두고 영어부터 배워야 했다. 그랬던 그가 대입 자격시험을 단 1년 4개월 만에 통과했다. 도대체 가능한 일일까? 그는 그때의 상황을 이렇게 설명한다.

"제 배 속에 영어 사전 하나가 들어 있습니다. 우선 영어를 배워야 되겠다 싶어서 열심히 공부했어요. 그런데 영어 사전 한 페이지를 하루 종일 외우고 돌아서면 다 잊어버리는 거예요. 너무 화가 나서 다시 이 사전을 못 본다면 더 정신 차리고 외우겠지 싶어서 한 페이지를 외운 다음 불에 태워 물에 넣어 마셔버렸습니다. … 그래도 불안했어요. 그래서 기도라는 것을 평생 처음 해봤어요.

기도라는 것도 어떻게 하는 건지 몰랐죠. 이렇게 기도했죠. '하나님, 안녕하세요? 진지 잡수셨어요? 잘 계시죠? 저도 잘 있어요. 그런데 제가 검정고시를 공부하는데 어려워요. 좀 도와주세요. 그러면 저도 나중에 도와드릴게요.' 참 바보 같죠? 그만큼 절박했어요. 그렇게라도 내게 믿음을 주어야 했습니다.

… 양아버지의 말 한마디가 제게는 그 무엇보다 큰 용기가 되었어요. 매일 새벽 공부하는 제 등을 두드려주시면서 '아들

아, 너를 믿는다'고 하셨는데, 그 한마디가 제게는 큰 힘이 되었습니다. 누군가 저를 믿고 있다는 사실이 힘이 되었죠."

우리는 대개 옅은 그늘 속에서도 쉽게 무기력해진다. 그러고는 좌절하고 포기하고 만다. 그러나 짙은 그늘 밖으로 당신을 걸어나오게 하는 힘은 바로 '믿음'이다.

나는 이것만 못해, 다른 건 잘해!

〈싸인〉을 연출한 장항준 감독은 〈싸인〉이 호평을 받은 뒤 〈피플 인사이드〉에 나와 나눈 인터뷰에서 자신의 성장기를 이렇게 회상했다.

"잘하는 게 하나도 없었어요. 공부도 정말 못했고. 집안의 창피거리였죠. 사촌들은 왜 그리 하나같이 공부를 잘하는지, 대학입학 차석, 의대. 뭐 이런 정도였어요. 명절이 너무 싫었죠. 친척들이 모이면 한결같이 '쟤가 뭐가 되려고 저러나' 하는 눈빛이었어요.

그런데 부모님은 달랐습니다. 단 한번도 공부 못하는 제

> 나를 일으켜 세우고, 살려내고, 지켜내는 믿음이란 나 아닌 다른 존재로부터 내게로 향할 수도 있고 내 안에서 스스로 만든 씨앗일 수도 있다. 그 씨앗이 어디서 왔든지 간에 내 마음에 키운 믿음의 씨앗은 상상도 못할 강력한 힘을 발휘하고 큰 열매를 맺는다.

게 뭐라 하신 적이 없었어요. 만약 그때 '왜 이렇게 공부를 못하냐, 뭐가 되려고 이러냐' 하셨다면, 제 머릿속에는 '나는 아무것도 할 수 없는 아이'라고 입력되었을 겁니다. 지금 제 인생은 완전히 루저의 인생이 되었을 거라는 게 확실해요. 제가 아버지께 들은 말은 이것 하나였어요. '괜찮다.' 아버지의 무조건적인 믿음 덕분에 제 머릿속엔 정말 이렇게 입력이 되었습니다. '나는 공부는 못한다. 공부만 못한다. 다른 것은 잘한다.'"

나를 일으켜 세우고, 살려내고, 지켜내는 믿음이란 나 아닌 다른 존재로부터 내게로 향할 수도 있고 내 안에서 스스로 만든 씨앗일 수도 있다. 그 씨앗이 어디서 왔든지 간에 내 마음에 키운 믿음의 씨앗은 상상도 못할 강력한 힘을 발휘하고 큰 열매를 맺는다.

내 마음이 곧 나의 발전소다

우리 모두가 너무 잘 아는 헬렌 켈러는 하버드대학에서 학사 학위를 받은 세계 최초의 시청각 중복 장애인이며 미국 사회에 큰 반향을 불러일으켰던 진보적인 사회운동가였다.

"만약 내가 사흘간 볼 수 있다면 첫째 날에는 나를 가르쳐주신 설리번 선생님을 찾아 그분의 얼굴을 뵙고 싶습니다. 그리고 산으로 가서 아름다운 꽃과 풀, 빛나는 노을을 보고 싶습니다. 둘째 날에는 새벽에 일찍 일어나 먼동이 트는 모습을 보고 싶습니다. 저녁에는 영롱하게 빛나는 하늘의 별들을 보겠습니다. 셋째 날에는 아침 일찍 큰 길로 나가 부지런히 출근하는 사람들의 활기찬 표정을 보고 싶습니다. 낮에는 아름다운 영화를 보고 저녁에는 화려한 네온사인과 쇼윈도의 상품들을 구경하고 싶습니다. 그리고 밤에 집으로 돌아와서는 마지막으로 사흘간 눈을 뜨게 해주신 하나님께 감사의 기도를 드리고 싶습니다."(헬렌 켈러, 《사흘만 볼 수 있다면》에서)

나는 지칠 때마다 이 글을 들여다보는데 그녀의 글은 감동은 물론 여러 빛깔의 깨달음을 준다. 헬렌 켈러가 겪었을 암흑을 단 한 번이라도 진지하게 묵상해본 적이 있는가. 헬렌 켈러가 보여준 '기적'(그녀의 이야기를 담은 영화 〈The Miracle Worker〉의 제목에 '기적'이란 단어가 들어간다)은 우리의 쉬운 상상이나 가벼운 짐작을 불허할, 고난과 역경의 길이었을 것이다. 그녀를 암흑 밖으로 걸어나오게

나에 대한 믿음이 내 안에 형성될 때까지 때로는 쉽지 않은 과정을 거칠 것이다. 하지만 나 자신에게 보내는 '신뢰'는 지금의 나를 깨기 위한, 타협이 불가능한 필수 조건이다.

한 힘은 무엇이었을까? 극한의 어려움에서 이러한 견고한 정신세계를 이끌어낼 수 있었던 보이지 않는 힘은 설리번 선생과 헬렌 켈러가 만들어낸 서로에 대한 믿음이 바탕이 되었을 것이다. 서로에 대한 믿음이 암흑을 빛으로 바꾼 것이다.

나는 '내 마음이 나의 발전소'라는 말을 즐겨 쓴다. 이것은 내가 지금까지 일하고 살아오면서 끊임없이 경험해온 진실 가운데 하나다. 그동안 내가 썼던 6권의 책을 관통하는 주제이기도 했다. 헬렌 켈러는 "삶을 대하는 우리의 태도가 곧 우리 인생의 행불행을 결정하는 척도"라고 했다. 모든 것이 내 마음에서 비롯되는 것이다. 나에 대한 믿음이 내 안에 형성될 때까지 때로는 쉽지 않은 과정을 거칠 것이다.

거쳐야 할 고난과 어려움이 클수록 자신에게 보내는 신뢰는 견고해질 것이다. 넘어서야 한다. 포기와 좌절의 순간도 넘어서야 하고 절망도 넘어서야 한다. 내가 넘어서는 것이다. 그리고 단 한 번만이라도 넘어서고 난 다음의 환희와 황홀경을 맛보라. 내가 보는 내가 달라지면 그동안 보이지 않던 새로운 문이 열리는 것을 보게 될 것이다.

4장 할 수 있다. 믿는다. 괜찮다

님 에게

과거 동과 서를 막론하고 많은 왕들은 나라가 어려움에 빠지거나 백성들에게 불안한 일이 생기면 무언가 높고 높은 것을 쌓아올리기 시작했어요. 집집마다 돌며 금수저까지 거둬들여 금신상을 만드는가 하면 돌을 쌓고 쌓아 거대한 우상을 세워두고는 거기에 모두들 가서 절을 하며 기원하게 했죠.

관찰자적 입장에서 그런 과정과 광경을 목격하면 어떤 생각이 들 것 같나요? 자신이 만들어 쌓아놓은 높고 높은 어떤 것에 절을 하며 '도와주세요, 살려주세요. 이것, 저것을 주시겠어요? 제발' 하는 것을 보면요. 집단심리, 불안에 몰린 인간의 심리에는 묘한 구석이 있어서 사람들은 정말 최면에 걸리게 되죠.

중국영화 중에 그런 장면이 나와요. 높게 쌓은 석상. 사람들은 숭배하고 절하고 빌었죠. 그런데 그 거대한 석상이 무너지는 바람에 그 아래서 기원하던 사람들이 처참하게 압사하는 사고가 나요.

그 장면을 보면서 이런 생각을 했습니다. 우리들 마음에 있는 두려움, 정체불명의 덩어리가 커지고 커져서 결국 한 사람을 홀랑 잡아먹는다고. 그 두려움, 별것 아닌 것을 대단한 것처럼 '소중히' 내 마음 깊은 곳에 모셔두고 키우고 키워서 크고 높고 높게 만든 다음, 그 두려움을 내가 전혀 이길 수 없는 대상처럼 숭배하고 숭배하다 거기에 깔려버리고 마는 것이 혹 우리들의 모습은 아닌지요.

많은 사람들이 이렇게 말합니다. '불확실한 미래가 불안하다고.' 그렇죠. 불확실성처럼 사람을 불안하게 만드는 것은 없죠. 그러나 바꿔 생각하면 불확실하다는 것은 정해지지 않았다는 것. 포지티브인지 네거티브인지 결정된 것이 없다는 것. 닫힌 가능성이 아니고 열린 가능성이에요. 내가 현재를 어떻게 요리하느냐에 따라 달라질 수 있는 미래. 두려움을 섬기고 숭배하지 말자고요. 두려움과 불안이 슬며시 들어오는 순간 쫓아내버리자고요. 내가 두려움을 섬기면 거물처럼 자라나지만 밟아버리는 순간 한낱 미물일 뿐이라는 것. 이게 사실 아닌가요?

5장
이제
당신 안의 화산을
폭발시키라

안타 치다
홈런 치는 거야

추신수 선수를 만난 것은 멀리 미국의 미네소타까지 날아가서였다. 나와 〈피플 인사이드〉 팀은 우선 그의 경기를 보기 위해 그가 어웨이 경기를 치러야 할 구장으로 달려갔다. 운동선수를 인터뷰할 때 늘 갖게 되는 부담감 내지 미안함은 혹시 카메라가 그들이 경기에 집중하는 데 방해가 되면 어쩌나 하는 것이다. 그런데 이게 웬일. 추신수 선수는 우리의 우려를 씻어내듯 타석에 들어서자마자 곧바로 홈런, 값진 홈런을 날려버리는 것이었다. 이렇게 고마울 수가. 나는 나도 모르게 마구 소리를 지르며 환호했다. '오늘 인터뷰는 환상적으로 잘되겠구나'를 외치듯.

경기가 끝난 후 얼굴을 마주한 우리는 허기부터 채워야
했다. 추 선수는 추 선수대로, 어울리지 않게 목이 쉴 정도로
소리를 지르며 응원했던 나는 나대로 금강산도 식후경을 외쳐
야 할 지경이었다. 비가 내리기 시작했지만 우리는 반드시 한
식을 먹어야 했다. 묻고 또 물어 찾아간 한식당. 문을 열고 들
어서자 주인아주머니의 얼굴에 이렇게 쓰여 있다.
'어? 이 사람들, 그 사람들 맞아?'
이내 우리를 알아본 식당의 주인아주머니는 사위가 찾아
오기라도 한 듯 정신이 없었다. 먹여야 한다는 의무감에 충만
했던 것은 그 아주머니뿐이 아니었다. 나 또한 인터뷰보다는
우선 경기를 치르고 와서 지쳤을 추신수 선수를 '먹여야' 한다
는 생각밖에 없었다. 이미 경기로 에너지가 소모되었을 그를
앞으로 몇 시간 동안 카메라 앞에 앉혀두고 인터뷰를 할 참이
었다. 그러니 우선 그를 포만감 가득하게 대접하고 싶었다.
"뭘 드실래요? 갈비? 음… 그냥 등심? 뭐가 좋을까?"
"저 많이 먹지 않아요. 그냥 간단히 먹죠."
결국 우리는 갈비와 김치찌개, 비빔밥 등을 고루 시켰고
나는 밥 한 공기를, 그는 밥 세 공기를 게 눈 감추듯 먹어버렸
다. 경기를 마친 뒤라 피곤한 상태일 그에게 식곤증까지 몰아

치지 않을까 거듭 걱정하는 내게 그는 이렇게 말했다. "저보다 더 멀리, 한국에서부터 날아오셨잖아요. 인터뷰하러 여기까지 오셨는데…."

각자의 차를 타고 인터뷰 장소로 이동하면서 무엇이 추신수 선수를 메이저리거로 만들었을까, 혼자 생각에 잠겼다. 그를 만나러 오기 전 자료를 수집해 읽으면서 나름대로 오늘의 그를 만든 요인이 무엇인지 꼽아보았다. 가장 먼저 눈에 들어온 것은 전문가들의 평가였다. 'five-tool player.' 야구인들은 추 선수가 메이저리그에서도 손꼽히는 '파이브 툴 플레이어'라고 했다. 정확성, 장타력, 송구, 수비, 스피드, 이 다섯 가지 면에서 모두 뛰어난 기량을 발휘하는 드문 선수라는 말이다.

five-tool이라…, 하나 잘하기도 힘들 텐데 정확하고 멀리 잘 치는 데다 강한 어깨로 수비까지 기막히게 잘하고, 게다가 스피드도 빠르다면 타고난 것으로만 설명하기는 불가능할 터, 그는 어떻게 메이저리그에서 다섯 가지 면 모두가 뛰어나다는 평가를 받게 된 것일까?

재능이 아니라
문제는 인내와 성실이다

인터뷰가 시작된 지 얼마 되지 않아 나는 그 이유를 알 수 있었다. 단 두 자, 그러나 가장 확실하고 강력한 힘을 발휘하는 두 자, 성실. 추신수 그의 답 또한 성실이었다. 그는 마이너리그 시절은 물론 메이저리그로 옮겨온 후에도 경기장에 가장 먼저 나가는 선수라는 별명을 유지하고 있다.

"네. 맞아요. 경기장에 가장 먼저 나가요. 저는 항상 준비되어 있는 것을 좋아해요. 서두르는 것을 싫어하죠. 짐을 쌀 때도 3일 전부터 가방을 열어두고 하나씩 하나씩 생각날 때마다 넣어둡니다."

방향 없는 성실, 목적 없는 성실은 그냥 '혼자 열심히 한 것'에 다름 아니다. 목적 있는 성실이라 말할 때도 그 목적이란 것이 한꺼풀 더 벗겨 생각해보았을 때, 삶의 궁극에 닿아 있는 것이 아닐 수 있다. 그렇다면 그것은 금세 바닥이 드러나기 때문에 모든 에너지의 근원인 성실에 연결되지 않는다.

그 무엇보다 그의 성실이 가장 두드러지게 드러난 것은 그가 이렇게 말했을 때다.

"저는 항상 10이 완벽하다고 하면 10을 넘기 위해서 11에 도전하는 사람이고, 11에 도달했을 때는 또 12를 위해서 가는 사람이기 때문에 만족을 못 하겠어요."

그는 매번 스스로를 뛰어넘고 있는 것이다. 그는 남다른 '노력력'으로 자신의 내부에 매일 크리티컬 매스를 만들어내고 자신의 기록을 갈아치우고 있었다. 그는 이렇게 덧붙였다.

"후회하고 싶지 않기 때문이에요. 그래서 타격 연습을 할 때도 몇 개를 쳤는지 세지 않고 그냥 해요. 멈출 수가 없는 거죠."

그의 연습량은 타격 코치가 '그만하고 좀 쉬라'고 할 정도다. 하루에 수백 개인지, 수천 개인지 그 자신도 모른다고 한다. 그러고 보니 언젠가 광고인 이제석이 한 말이 떠오른다. 그는 예를 들기 위해 야구의 표현을 빌려 말했지만 그가 했던 말을 실제 야구 선수인 추신수가 정말로 다시 확인시켜주었다. 이제석은 이렇게 말했다.

"사람들은 내가 어쩌다 친 홈런만 기억하고 홈런만 부러워하거나 홈런을 못 치는 스스로에게 좌절하지만, 그 홈런이 있기까지 안타에 그친 적도 많고 그도 아닌 파울볼이나 배드볼을 친 적이 비교할 수 없을 만큼 많아요."

추신수 선수도 정확히 같은 말을 한다.

"홈런은 가끔 치는 거죠. 수도 없이 때리는 연습을 했어요. 잘 치는 공이 많아질 때까지, 잘 칠 확률이 더 커질 때까지. 그래서 배트를 내려놓지 못하는 거죠."

분야는 다르지만 정상에 오른 그들, 혹은 정상은 아니더라도 남다른 고지를 점하고 있는 그들은 쉬지 않고 방망이를 휘두른다. 그가 아니면 다른 누구도 모를 수만큼, 양만큼 휘두르고 또 휘두르며 크리티컬 매스를 쌓는 것이다. 그들의 타고난 능력이 남보다 뛰어났을 수도 있겠으나, 그렇다 해도 휘두르고 휘두르는 노력력이 쌓이지 않았다면 아무 일도 일어나지 않았을 것이다.

피아니스트 서혜경은 목숨을 잃을 뻔한 암수술이 끝난 지 얼마 되지 않아 바로 피아노 연습을 시작했다. 손이 굳을까 봐 두려웠던 것이다.

세계적 팝의 거장, 퀸시 존스는 사흘 밤을 꼬박 새우고 눈에서 피가 흐를 때까지 작곡에 매달린 끝에 그의 생애 첫 곡을 14살에 완성했다.

첼리스트 정명화는 이런 말을 남겼다.
"비행기를 탈 때도 첼로를 위해 따로 한 좌석을 예약해요. 인생의 단 하루도 첼로를 품에서 내려놓은 날이 없었습니다."

뉴욕 메트로폴리탄 오페라단의 소프라노 신영옥은 이렇게 말했다.
"저는 지금도 보컬 트레이닝을 받아요. … 거울 앞에서 무대에서 신는 하이힐을 신고 매일 노래 연습을 합니다. … 하루만 연습을 쉬어도 목소리가 변하는 것을 느끼기 때문에 입이 다 터져 피가 나도 멈출 수가 없어요."

이미 이야기했듯이 광고인 이제석과 추신수는 합창하듯 이렇게 말했다.

"안타 치다 홈런 치는 겁니다."

우리 모두 할 수 있는 그 무엇

사실, 이들의 이야기는 종이 수첩이 아니라 내 머릿속 수첩에 적혀 있다. 그들이 이런 말을 할 때마다 나는 전율 같은 것을 느낀다. 그리고 빨리 책을 써서 많은 사람들에게 외치듯 이야기해주고 싶었다. "임금님 귀는 당나귀 귀"라고 외치고 싶을 만큼 간절했다.

'불가능'은 내 태도일 뿐이다. 내 잘못된 태도가 부른 착각이고 오해일 뿐이다. 삶 자체가 불가능인 것은 없다. 따라서 내 태도만 바꾸면 불가능은 가능으로 바뀌는 것이다.

'비밀은 별것 아니었어.
우리 모두 할 수 있는 그 무엇이었어.
우리도 한번 해보자고.
내 안의 크리티컬 매스를 만들어내자고!'

결국 진실은 하나다. 그리고 그 하나뿐인 진실은 '진짜'인지라 시간이 지나도 변하지 않는다. 나 혼자 생각하는 것을 이 책에 적으면 누군가 분명 갸우뚱거리거나 '그래도 나는 안 돼, 내 이야기는 아니야'

자기가 못났다고 생각하시는 분들이나 정말 뭔가 자기가 좋아하는 분야의 재능을 가지고 있는데도 도전하지 않고 계시는 분들한테 제가 진짜 힘이 되고 싶어요. 계속 하라고, 포기하지 말라고 말해주고 싶고. 끝까지 포기하지 않고 계속 찾고 열심히 하시면 분명히 저처럼 이렇게 좋은 결과를 거두실 수 있을 거라고 생각해요. —슈퍼스타K2 우승자 허각

라고 머뭇거릴까 봐, 나는 내가 인터뷰한 수많은 사람이 이야기하는 공통점만을 찾아 '이래도 못 믿겠느냐, 한번 해보지 않겠느냐' 하고 이 책을 쓰는 것이다. 더구나 현재뿐 아니라 과거 시간을 산 현자들도 같은 이야기를 한다. 몇 가지 되지 않는다고. 그러니까 인생을 제대로 사는 방법, 쓸데없이 머리 굴리며 시간을 낭비하지 않아도 되는 방법, 가장 확실히 효과를 거둘 수 있는 방법은 그 핵심 가치 몇 가지를 머리에 새기고 살면 되는 것이라고.

중용에 이런 말이 있다는 것을 알고 난 또 한번 혼자 무언가 대단한 것을 발견한 듯 기뻤다.

"有弗學, 學之弗能弗措也. 有弗問, 問之弗知弗措也. 有弗思, 思之弗得弗措也(유불학, 학지불능불조야. 유불문, 문지

불지불조야. 유불사, 사지불득불조야)."

　풀이하면 이런 말이다. "배우지 않는다면 모를까, 일단 배우기로 했으면 능통하기 전에는 그만두지 않는다. 묻지 않으면 모를까, 일단 묻기로 했으면 제대로 이해하기 전에는 그만두지 않는다. 생각하지 않는다면 모를까, 일단 생각하기로 했으면 확실히 답을 얻기 전에는 그만두지 않는다."

　'남이 열 번에 할 수 있을지라도 나는 천 번이라도 해야 한다.' 이렇게 마음먹으면 무엇이 불가능하겠는가. 우리는 '남이 천 번에 하는 것을 한 번에 할 방법은 없을까' 하고 그 빠른 방법만, 때로는 쉬운 길만 찾으려 감나무 밑에서 입을 벌리고 누워 있었던 것은 아닐까? 앞서가는 그들을 질시하고 잘 안 풀리는 자신의 불운만 탓하며 말이다.

우리가 사는 세상의 핵심 가치는 몇 가지 되지 않는다. 인생을 제대로 사는 방법, 쓸데없이 머리 굴리며 시간을 낭비하지 않아도 되는 방법, 가장 확실히 효과를 거둘 수 있는 방법은 그 핵심 가치 몇 가지를 머리에 새기고 살면 되는 것이다.

　아무리 좋은 키워드도 누가 말하느냐에 따라 다른 생명력을 갖는다. 말로만 하는 정치인이 신뢰를 얻지 못하는 것처럼 오직 말한 것을 실천해보인 사람만이 강력한 힘으로 전달할 수 있다. 그들이 성실이란 것을 단지 단어가 아니라 성실함 자체로 보여줄 수 있었던 것은 그들에게 남다른 생각, 세상과 삶을 바라보는 남다른 가치관이 있었기 때문이다. 어떤 사람이 일찍 일어나 늦게 잠자리에 들면서 '나는 성실한데 왜 안 되는 거야'라고 질문한다면 이 지점에서 살펴볼 문제가 분명 있는 것이다. 방향 없는 성실, 목적 없는 성실은 그냥 '혼자 열심히 한 것'에 다름 아닐 수도 있다. 목적 있는 성실이라 말할 때도 그 목적이란 것이 한꺼풀 더 벗겨 생각해보았을 때, 삶의 궁극에 닿아 있는 것이 아닐 수 있다. 그렇다면 그것은 금세 바닥이 드러나기 때문에 모든 성취의 근원인 성실에 연결되지 않을 수 있다.

워싱턴 주 신호범 상원 부의장은 이렇게 말했다.

"Impossible이란 단어는 내 사전에는 없어요. 제게는 I'm possible만 있죠."

그가 불가능이 없다고 하는 말은 공허하게 들리지 않는다. 그는 세상 대부분의 사람이 불가능하다고 보는 상황에서 가능을 이끌어내는 삶을 보여주었기 때문이다.

'불가능'은 내 태도일 뿐이다. 내 잘못된 태도가 부른 착각이고 오해일 뿐이다. 삶 자체가 불가능인 것은 없다. 따라서 내 태도만 바꾸면 불가능은 가능으로 바뀔 수 있다.

그대 아직 원하는 만큼 꽃피우지 못했는가? 꽃피워본 적이 없는가? 당신 안에 씨앗이 없는 것이 아니다. 15도, 당신을 꽃피울 크리티컬 매스 15도에 도달하지 못했을 뿐이다. 개화 직전 단 1퍼센트를 못 채우고 멈춰 섰을 뿐이다. 다시 일어나 크리티컬 매스를 채우라. 그리고 꽃피우라.

,

님 에게

　　경비행기를 타고 태국에서 출발해 인도와 파키스탄 국경을 넘어 중동의 두바이까지 간 적이 있어요. 당시 비행기 조종을 한 달간 배우긴 했지만 옆에는 당연히 프로페셔널 조종사가 동승했죠. 뒤에는 PD가 탔구요. 지금 생각하면 프로그램 잘 만들겠다는 욕심 하나에 참 무모한 짓을 했다는 생각이 들기도 하지만, 다행히 아무런 사고도 없었으니 이제 와서 보니 정말 인생에 하기 힘든 좋은 경험을 했다는 생각이 들기도 해요.

　　십여 년 전 일이지만 지금도 선명하게 기억에 남는 것 가운데 하나는 야간비행을 하다가 본 별 소나기예요. '별 소나기' 이렇게밖에 표현할 수 없네요. 검은 벨벳 위에 다이아몬드를 흩뿌려 놓은 듯한, 인간의 언어로는 표현이 허용되지 않는 황홀경. 난 입이 딱 벌어진 채로 외마디 기도를 했죠. "오, 하나님 감사합니다." 일생에 한 번 보기도 힘든 황홀경이었음을 알았기 때문에 그런 극한의 아름다운 풍경을 본 기회를 가진 것이 정말정말 감사했어요. 그 이후로 세상이 우울할 때면 눈을 감고 그때 그 '별 소나기'를 떠올려요. 시간이 갈수록 그 황홀경이 내 머릿속에서 희미해질까 봐 붙잡으려는 듯.

별 소나기를 떠올릴 때마다 저는 많은 것을 깨닫곤 합니다. 우리가 사는 세상에서 올려다본 하늘에는 그런 별이 없죠. 공기 좋은 깊은 숲속에 가도 그 밤 그 하늘에서 보았던 그 별 소나기는 없어요. 그러나 분명 저 높고 높은 하늘에는 별 소나기가 있답니다. 제가, 그날 밤, 보았으니까요. 너무 아름답고 너무 황홀해서 비행을 하면서 눈물을 흘리며 똑똑히, 분명히 보았으니까요. 분명 있건만 우리가 보지 못하는 것일 뿐이에요. 눈에 보이지 않는다는 이유로 우리는 가끔 있는 별도 없는 것처럼 느끼고 잊어버리고 살죠.

우리는 내 안에 있는 별도 못 보고 있는 건 아닐까요?

내가 보지 못하면서, 내가 캐내지 않아서 보이지 않는 것을 없다고 생각하고 혼자 포기한 건 아닐까요? 분명 존재하는 그 아름다운 별 소나기를.

Critical
Mass

6장
성공을
재정의하라

하나, 나 때문에
한 사람이라도 행복해지는 것　누군가 수학이 어
렵다고 말하면 그 말을 들은 다른 누구는 이렇게 말할 수 있
다. 수학이 뭐가 어렵냐고. 정답이 하나인데. 정말 어려운 것
은 정답을 찾을 수 없는 삶의 문제라고.

　　인터뷰를 하면서 내가 만났던 사람들은 정말 다양한 일을
하는 사람들이었다. 거지였다가 미국의 정치인이 된 사람도
있고, 같은 음악 분야에서도 클래식을 하는 사람과 대중음악
을 하는 사람이 있는가 하면, 노래를 부르는 사람, 만드는 사
람, 춤을 추는 사람, 가수를 만드는 사람이 있다. IT 전문가도

있고 광고인도 있고 돈을 아주 많이 번 사람도 있고 아주 많았던 돈을 다 잃어버린 사람도 있다. 남의 머리만 만져서 돈을 번 사람도 있고 남의 옷만 만들어서 유명해진 디자이너도 있다. 모두를 말하기도 어려울 만큼 다양한 그들을 만나면서 나는 정말 이루 말할 수 없을 만큼 여러 성공담을 들었고 그때마다 참 많은 것을 깨닫곤 했다.

인생이란 퀴즈를 풀어내는 방법이 얼마나 다양한지, 도무지 기회가 없는 것처럼 볼 수도 **인생의 정답이 하나가 아니라는 사실에 어마어마한 당혹감을 느낄 수 있다. 하지만 다시 생각해보면, 그것은 인생의 가능성이 무한대로 널려 있다는 뜻이기도 하다.** 있지만 숨어 있는 광맥 같은 기회들이 얼마나 많이 널려 있는지, 내가 살아온 세계가 얼마나 좁았는지, 내가 수십 년 동안 나름대로 습득한 지식이며 정보라는 것이 얼마나 한정된 것인지. 때로는 눈이 휘둥그레지기도 했고, 때로는 고개가 깊이 숙여지기도 했다.

아마 그래서일 것이다. 인터뷰어로 일한 시간이 쌓일수록 '성공'이란 단어를 쓰기가 어려워졌다. 인생에 정답이 하나가 아니듯 성공도 획일적인 통념으로 정의하기 어려우며, 인생에 성공이란 말을 붙이는 순간은 생의 마지막 순간, 혹은 생을 마감한 이후여야 하는 것 아닐까 하는 생각마저 들었다. 게다가 성공에 대한 잘못된 정의를 남발해 아직 인생의 출발점에 서지도 않은 이들에게 악영향을 끼치지나 않을지 우려도 깊었다.

정말 다양한 직업의 다양한 종류의 성취를 이뤄낸 사람들을 만나본 결과, 성공이란 단 한 가지 빛이 아니라 무지개라는 것, 그것도 빨주노초파남보 일곱 색깔만이 아닌, 그 사이사이 인류가 이름 붙이지도 못한 수많은 색이 깃든 무지개. 그래서 인생의 정답이 하나가 아니라는 사실에 어마어마한 당혹감을 느낄 수 있다. 하지만 다시 생각해보면, 그것은 인생의 가능성이 무한대로 널려 있다는 뜻이기도 하다. 그렇다면 기회가 없다, 막막하다, 갈 길을 모르겠다는 생각일랑 집어치우고 눈 비비고 깨어나 내 생명에 물을 댈 그 샘물을 찾아 나서야 하는 것 아닐까?

제 영화를 보고 사람들이 행복해졌으면 좋겠어요. 가슴 따뜻해지고. 아마 세상 사는 게 힘드신 분들이 많을 거예요. 2시간이 채 안 되는 시간이나마 저는 그런 분들한테 위안이 되고 싶고 또 나름대로 꿈과 희망을 주고 싶고 행복해지셨으면 좋겠습니다. –영화 감독 윤제균

랠프 월도 에머슨은 그의 시 〈무엇이 성공인가〉에서 이렇게 말했다.

"자주 그리고 많이 웃는 것. / 현명한 이에게서 존경을 받고 / 아이들에게서 사랑을 받는 것. / 정직한 비평가의 찬사를 듣고 / 친구의 배반을 참아내는 것. / 아름다움을 식별할 줄 알며 / 다른 사람에게서 최선의 것을 발견하는 것. / 건강한 아이를 낳든 / 한 떼기의 정원을 가꾸든 / 사회 환경을 개선하든 / 자기가 태어나기 전보다 / 세상

6장 성공을 재정의하라

을 조금이라도 살기 좋은 곳으로 만들어 놓고 떠나는 것. / 자신이 한때 이곳에 살았음으로 해서 / 단 한 사람의 인생이라도 행복해지는 것. / 이것이 진정한 성공이다."

둘, 100년 전에도
100년 뒤에도
아름다운 추억으로 남는 것

〈백지연의 끝장토론〉 생방송을 마치고, 늦은 밤 귀가하던 중 휴대전화에 메시지가 뜬다. "지연 씨. 오늘 방송에서 본 바지 뒷주머니의 반짝이가 쓸쓸해 보여…" 생방송 후, 늦은 밤의 피로감을 씻어주는 문자를 받고 답을 보낸다. "만년 소녀 우리 선생님… 문자 보고 제 얼굴에 미소가 번져요…" 문자를 보낸 주인공은 배우 김혜자였다.

고등학교 3학년. 모두 입시 공부에 절어 있던 그 시절, 소설책만 읽던 한 친구가 갑자기 내 등을 두드리며 이렇게 말했다. "너 어제 드라마 봤니? 난 김혜자를 보며 황홀했다. 연기자라면 그래야 되는 것 아니야?" 아직도 그때 그 친구의 표현이 선명하게 떠오른다. 30년 전 여고생의 눈에 황홀해 보였던 배우 김혜자는 지금도 변함이 없다. 영화배우 모두가 꿈꾸는 일 아닐까.

영화 〈마더〉에서 보여준 그녀의 연기에 대해 세간의 평은 대체로 이랬다(〈씨네21〉 2009년 12월 31일자 기사에서).

"한 편의 영화가 온전히 한 배우의 체취로 채워질 수 있다는 사실이 놀랍다."(송경원)

"김혜자가 아니고서는 상상할 수 없는 영화의 물성."(황진미)

"그 또래 여배우가 보여줄 수 있는 가장 강렬한 종류의 연기."(장병원)

"시시각각 달라지는 그녀의 표정과 눈빛, 음색은 100년 전에도 관객이 배우에게 기대하던 것."(김용언)

김혜자를 보면 오드리 헵번, 혹은 메릴 스트립 같은 배우가 떠오른다. 김혜자는 나이 듦이 부담스럽지 않은, 오히려 나이가 들어가며 보여주는 모습이 갈수록 감동적인 깊은 매력이 있어 황홀한 그들과 닮았다.

〈피플 인사이드〉에 출연했을 때 김혜자는 유난히 크고 까만, 도무지 나이를 먹지 않는 듯한 큰 눈을 천천히 깜빡이며 소녀처럼 말했다. 이 말을 하기 전 그녀는 정말 소녀처럼 키득키득 웃었다. 미안함이 배어 있는 웃음이었다.

"우리 아들 들으면 섭섭할 텐데 말야…. 아들이 커서 내 품을 떠나가니까 '내겐 음악과 책과 커피만 있으면 아무도 없어도 돼' 하는 생각이 들기도 하는 거예요."

그런데 잠시 후 그녀의 그 크고 까만 눈동자에 물기가 번졌다.

온몸의 감성이 올올이 살아 있는 그녀. 그래서 김혜자는 100년 전에도 100년 후에도 관객이 원할 황홀한 배우로 남을 것이다. 에머슨의 말처럼 우리는 그녀가 있어 행복하다.

"남편은 늘 나를 애기처럼 걱정했어요. 세상을 뜨기 전에 나를 바라보며 '나 없으면 아무것도 못하는데 저 사람을 어떡하나' 하며 걱정했죠. … 그 남편을 땅에 묻던 날, 관 위에 흙을 뿌리잖아요. 난 남편이 너무너무 아플까 봐, 너무 가슴이 아파서 '흙 뿌리지 마… 흙 뿌리지 마…' 소리를 질렀어요."

인터뷰 도중 그녀의 이야기를 들으며, 목소리의 떨림과 눈동자의 흔들림을 보며 나는 그녀가 배우로 태어났고 배우로 살 수밖에 없음을 피부로 느꼈다. 다행인 것은 그녀 스스로도 이렇게 이야기한다는 것이다.

"내가 언제까지 살지는 모르겠지만 하나님이 부르시는 날까지는 연기하겠죠."

"바지 뒷주머니의 반짝이가 쓸쓸해 보인다"는 문자를 보내는 소녀. "봄 햇살에 가슴이 시려와"라는 문자를 보내는 그녀. 온몸의 감성이 올올이 살아 있는 그녀. 그래서 그녀는 100년 전에도 100년 후에도 관객이 원할 황홀한 배우로 남을 것이다. 그녀가 있어 우리는 행복하다. 에머슨의 기준대로라면 그녀는 아름답고 진정한 성공을 만들고 있는 배우다.

셋, 세상에 기여한
흔적을 남기는 것

안철수를 인터뷰하는 자리에서 이렇게 물었다. 지극히 상투적인 질문이라 피하고 싶기도 했지만 피하지 않고 물었다. "세상이 성공한 사람이라 칭하는데 스스로는 어떻게 생각하세요?" 그러자 "저는 과정 중에 있는 사람이잖아요?"라고 되묻더니 그가 하고픈 말을 잇는다.

"죽고 나면 제가 없는 것은 마찬가지지만 제가 있음으로 해서 여러 가지로 사람들의 삶이나 생각에 어떤 조그만 흔적이라도 남길 수 있다면 제가 그냥 덧없이 사라지는 것과는 다르잖아요? 함께 살아가는 사회에 조금이라도 기여한다면 그게 제가 살았다 없어지는 어떤 값어치가 될 거라고 생각하죠. … 그래서 제가 죽을 때 이 인생을 성공이라고 생각할 수 있다면 그런 흔적들 때문일 것 같더라고요."

그는 흔적을 남기고 싶어한다. 그것이 그가 정의하는 성공이다. 그가 원하는 흔적은 어떤 흔적을 말하는가. 이 물음이 떠오르면서 내 머릿속엔 언젠가 들었던 중국 춘추시대 때 정나라 재상을 지냈던 자산子産에 대한 이야기가 떠올랐다. 자산은 그의 죽음을 알리는 소식에 공자도 눈물을 흘렸다는 어진 정치인의 표상이다. 자산은 자신의 수레를 가지고 진수와 유수의 여울목에서 사람들을 직접 건네주었다고 한다. 여울목에서 백성의 도강을 도울 정도라면 그의 성품이 어떠했을지 짐작할 수 있다. 다만 맹자는 이런 아쉬움을 적는다.

"분명 은혜로운 일이나 정치하는 법을 제대로 알지 못했다고 하겠다. 늦가을에 사람이 건너다닐 만한 다리를 세우고 초겨울에 수레로 건너다닐 만한 다리를 세운다면 백성들에게 고통이 없을 것이다."

내 마음에 와닿은 안철수의 느낌은 왠지 자산에 대한 느낌과 닿아 있다. 자산이 백성 한 사람 한 사람의 도강을 도운 것처럼, 안철수는 21세기 사람들의 도강을 돕고 있는 느낌이랄까. 배려, 공유, 긍휼, 이 시대에 가장 필요할 수도 있는 그런 것들을 안철수는 마음에 품고 있는 듯하다. 그는 인터넷, 북콘서트 등 춘추시대의 수레와는 전혀 다른, 맹자가 봐도 호평할 만한 새로운 수레, 즉 새로운 소통의 방식에 대중을 싣고 험한 세상의 다리 노릇을 하고자 하는 듯하다.

우리는 하루아침에 자신을 향한 시대의 믿음을 배반하는 사람들을 보는 데 지쳐 있다. 동시대의 사랑을 받고 인정을 받는 한 사람이, 이제까지 걸어온 길을 앞으로도 변함없이 뚜벅뚜벅 걸어가는 모습을 보고 싶다.

맹자는 '흔적을 남기고 싶다'는 안철수에게 어떤 평을 할지, 또 어떤 조언을 할지 무척 궁금해진다. 다만 나는 그 큰 궁금증을 접어놓으며 그를 향해 속으로 읊조리듯 혼잣말을 했다. '아직 삶을 살면서 자신의 궤적을 그리는 중인, 말한 대로 과정 위에 있는 그가 흔적이란 단어를 굳이 스스로 말하지 않아도 좋겠다'라고.

우리는 하루아침에 자신을 향한 시대의 믿음을 배반하는 사람들을 보는 데 지쳐 있다. 동시대의 사랑을 받고 인정을 받는 한 사람이, 이제까지 걸어온 길을 앞으로도 변함없이 뚜벅뚜벅 걸어가는 모습을 보고 싶다. 그 걸음이 쌓이고 쌓이면, 세상은 언젠가 그의 '흔적'을 알아보고 말할 것이다. 그가 있어 주변의 많은 사람들이 정말 행복했노라고.

스스로에게
가치 있는 것을 선택하라   언젠가 인터뷰를 한

사진작가 강영호가 이런 말을 했다.

"인물 사진을 오래 찍다 보면 신기神氣 아닌 신기가 생겨요. 렌즈를 통해 한 사람의 얼굴만 자세히 들여다보면 강한 느낌 같은 게 와요. 이런 사람일 것 같다, 뭐 그런. 그런데 그게 시간이 지나고 보면 대충 맞더라고요."

그가 이 말을 하는 동안 나는 혼자 빙그레 웃었다. 그는, 혹은 시청자들은 내가 강영호의 재밌는 말에 그저 웃는다고 생각했을지 모르지만, 나는 다른 생각으로 웃었다. 인터뷰를 하다 보면 그가 말한 그 '느낌'이란 게 내게도 오기 때문이다. 얼마나 많은 사람을 인터뷰했던가. 관상이 결국은 통계라는데. 그렇다면 나 또한 수많은 통계치를 갖고 있는 셈이니 느낌이란 게 없을 수 없다. 다만 신기도 아니고 아무것도 아닌 그저 느낌이기 때문에 나는 속으로, 세뇌라도 하듯 읊조린다. '사람 한 번 보고 어떻게 알아.'

　　그러나, 솔직히 시인하건대 이 느낌이란 게 맞을 때도 많다. 다른 건 몰라도 '아, 이 사람이 나중에 정치하려는구나' 하는 느낌은 희한하게 들어맞는다. 그건 아마도 정치를 하려는 사람들 사이에는 명확히 드러나는 공통점이 있기 때문일 것이다. 누가 정치를 하겠다고 나서건 그 자체를 가타부타 논할 것은 아니다. 다만 정치란 것이 다수의 인생에 영향을 미치는 일인 만큼 공명심, 책임감, 능력 등이 두루 있는 사람만이 정치를 해야 한다는 것. 냉정하게 따져 자신에게 그런 소양이 부족하다면 아무리 정치가 하고 싶어도 나서지 말라는 것이다. 사명감도 없고 능력도 없고 봉사할 마음도 없으면서 정치에 나서는 사람들은 권력욕만 있는 탐욕스런 인간일 뿐이다. 아쉬운 것은 인터뷰를 하다가 가끔 만나는, 정말 가끔 만나는, '이런 사람은 정치하면 좋겠다' 싶은 사람은 절대로 정치에 나서지 않는다는 이상한 법칙이 있다는 것이다.

정치란 것이 다수의 인생에 영향을 미치는 일인 만큼 공명심, 책임감, 능력 등이 두루 있는 사람만이 정치를 해야 한다는 것. 냉정하게 따져 자신에게 그런 소양이 부족하다면 아무리 정치가 하고 싶어도 나서지 말아야 한다.

미국의 새 대통령이 선출될 때마다 신문들은 한국의 누가 미국의 새 정부 인사들과 친분이 있는지를 찾는 데 여념이 없다. 어느 시대라도 늘 '막후 외교'가 존재했던 만큼 이는 당연한 일이다. 오바마 정부 출범 당시, 국내 언론은 국회의원 가운데 미국의 새 정부 인사와 인맥이 닿는 사람이 아무도 없다는 보도를 했었다. 그리고 다트머스대학의 김용 총장이 총장 후보로 거명될 즈음, 그가 오바마 행정부로부터 함께 일하자는 제의를 동시에 받고 있다는 보도가 나왔다. 이 때문에 인터뷰를 하면서 김용 총장에게 관련된 질문을 하지 않을 수 없었다.

"오바마 정부에서도 보건, 의료 정책과 관련해 할 일이 많기 때문에 함께 일하자는 제의를 받으신 것으로 알고 있는데요."

그는 이렇게 대답했다.

"다트머스에는 전 세계에서 최고의 학생들이 지원을 해옵니다. 매해 2만 건의 입학 지원서를 받는데 대부분 떨어지지만,(웃음) 모두 훌륭한 학생들입니다. 까다로운 선발 절차를 거쳐 최고 중에 최고인 학생들을 뽑아 가르친다는 것, 18살에서 22살의 젊은이들을 가진 대학에서 제가 느끼는 것은, 저는 아주 중요한 일, 씨 뿌리는 작업을 한다는 거죠. 제가 이 일을 정말로 훌륭하게 해낸다면 미래 20년에서 50년 사이에 놀랄 만큼 훌륭한 리더들이 배출되지 않겠는가 하는 것이고, 그 일이 제게 대단한 기회라고 생각합니다."

오바마 행정부의 요직이 더 나은지, 총장직이 더 나은지를 따질 수 있는 잣대는 없다. 어느 쪽이든 오직 그의 선택일 뿐이고 그 선택은 그가 어디에, 무엇에 가치를 두느냐에 따른 결과다. 그는 한 명의 리더가 아닌 수천, 수만 명의 리더를 키워내는 일에 가치를 둔 것이다.

20년, 50년 후에 놀랄 만한 리더를 키워내는 것이 "대단한 기회"라고 말할 때 그의 눈은 빛났고 제스처는 유난히 커졌다. 그의 가슴에 가득한 기대가 읽혀졌고 그 벅참이 내 가슴으로까지 전염되어와 뿌듯했다.

김용 총장은 인류학자 마거릿 미드의 이 말을 좋아한다고 했다.

"소수의 헌신이 세상을 변화시킬 수 있다는 사실을 의심하지 말라."

나는 그가, 그가 키워낸 리더들이 이 세상에서 아름다운 변화를 일으킬 것임을 의심하지 않겠다.

된서리 맞은 모과가
향이 좋은 법이다

백지연이라는 내 이름을 건 인터뷰 프로그램에 대한 애착과 열정이 크고 크지만, 딱 하나 안 좋은 점이 있다. 누군가를 만나면 섭외를 해야 한다는 열정에 불타 괴로운 것이다. 친분이 있는 사람은 더 부탁하기가 어렵다. 그럼에도 인터뷰할 만한 대상을 만나면 내 눈은 집념에 불타기 시작하니 이제는 사람들이 나를 피할 지경이 되었다.

숙명여대 한영실 총장도 그 가운데 한 사람. 총장 취임 뒤, 텔레비전 출연을 하지 않는다는 총장과 대학 측의 방침이 세워졌고, 제작진이 요청할 때마다 대학 홍보실은 단호히 거절했다. 결국 내가 나설 수밖에. 전화, 또 전화, 이메일 또 이메일.

"백지연, 그냥 우리 만나서 밥만 먹자. 나 3년 동안 텔레비전에 안 나갔거든…."

그러나 그녀는 결국 〈피플 인사이드〉에서 인터뷰이의 자리에 앉았고, "진정한 남녀평등이 이루어져야 선진국이다"를 강조하던 그녀의 이야기는 어느새 두 딸을 키운 이야기로 넘어갔다.

"아이들을 네다섯 살 때부터 교육시키기 시작했어요. 엄마는 일을 하는 사람이다. 너희들이 시집갈 때까지도 그럴 것이다. 너희들에 대해 엄마가 다른 엄마들처럼 전념해줄 수 없

6장 성공을 재정의하라

다. 너희들이 원하든 원하지 않든 운명이다. … 그러면서 아이들이 목욕탕에서 씻고 나오면 욕실을 다 청소하게 했어요. 학원에 다닐 때도 갈 때는 데려다주지만 올 때는 혼자 와야 해요.

일하는 엄마. 남들에겐 그저 화려하게만 보이고 저 좋아서 하는 일로만 보일지 모르지만, 그들 속에는 늘 전쟁이 있다. 선택의 전쟁, 삶의 전쟁. 하나를 택하면 다른 하나는 반드시 희생해야 하기에 '그만둘까, 여기서 그만둘까'를 수도 없이 반복하며 고비를 넘긴다.

어느 날인가, 고3인 딸이 학원에 다녀와서 11시쯤 돌아왔는데 그때 제가 막 사과가 먹고 싶은데 귀찮아서 먹을까 말까 하던 중이었어요. 그런데 아이가 들어오기에 '사과 좀 깎아봐라' 그랬죠. 그랬더니 얘가 '다른 엄마들은 사과에, 샌드위치에 보온병까지 싸서 학원까지 찾아와' 하는 거예요. 그래서 제가 '나는 나가서 돈을 벌고 너는 내 돈을 쓰고 왔어. 그러면 돈을 번 내가 깎아야 하니, 아니면 돈 쓰고 온 네가 깎아야 하니?' 그랬죠."

하하하. 우리 둘은 크게 웃었다. 그녀는 나와 정반대였다. 나는 부끄럽게도 싸서 들고 다니는 엄마. 그녀는 말을 이었다. "그런데 지금은 아이들이 저한테 고맙다고 그래요. 자기들은 뭐든지 다 할 수 있대요. 뭐든지 하고 살 수 있다는 자신감이 있다고요."

그러나 호탕하게 웃던 그녀가 결국 진한 눈물을 흘리고 말았다.

"아이들을 희생해서 제가 오늘에 온 것은 아닌가, 나쁜 엄마 같다는 생각을 많이 해요. 아이 키우며 일하면서 고비가 많았어요. 아주 많았어요. 아주 많아서 포기하고 싶을 때도 많았고요. 열심히 하는데 들어오는 태클도 많았고… 그런 것들 때문에 저도, 굉장히 씩씩한 저도 그만두고 싶고 좌절할 때가 많았어요."

워킹맘의 애환. 그녀도, 그 누구도 예외일 수는 없다. 그녀가 긴 설명을 하지 않아도 그녀가 말하는 고비, 태클, 죄책감 등이 무엇인지 절절히 아는 나도 그녀의 눈물을 보며 속으로 눈물을 흘렸다.

일하는 엄마. 남들에겐 그저 화려하게만 보이고 저 좋아서 하는 일로만 보일지 모르지만, 그들 속에는 늘 전쟁이 있다. 선택의 전쟁, 삶의 전쟁. 하나를 택하면 다른 하나는 반드시 희생해야 하기에 '그만둘까, 여기서 그만둘까'를 수도 없이 반복하며 고비를 넘겨온 것이다. 세상에 공짜는 하나도 없다.

태클. 일하는 여성을 향한 사회의 태클. 여기 할 말 많다. 그러나 한영실 총장도 그랬고 이 땅에서 일하는 많은 여성들이 불평이 아니라 일한 행동의 결과로 말한 덕에 그나마 상황이 조금씩 나아지고 있다.

한 총장과의 인터뷰 속에는 꼭 소개하고 싶은 또 다른 이야기가 있다. 대학 측에서 지방으로 직접 가서 학생을 뽑는 '지역핵심인재전형'에 대한 설명을 하던 중 한 모녀의 이야기를 꺼냈다. 한 총장이 제자들과 함께 산에 갔을 때 얘기다.

한 총장은 산에서 정말 예쁜 모과를 주웠다. 그러고는 모과향을 기대하며 모과를 잡아 코에 댔는데 웬걸, 향이 전혀 없지 않은가. 그래서 학생들에게 "왜 향이 나지 않을까" 했더니 지방에서 온 한 학생이 이렇게 대답했다.

내가 무엇을 할지, 그래서 어떤 성공을 만들어내고 어떤 행복을 그려나갈지는 누구도 대신해 생각해줄 수 없다. 이미 정해진 규격과 모양, 빛깔을 따라갈 것이 아니라 오직 내가, 나를 재해석해보고 나의 성공을 재정의해봐야 한다.

"교수님. 상강霜降이 지나야 모과는 향이 나요."

한 총장은 제자의 대답을 듣고 기절하듯 놀랐다고 했다. 그래서 다시 "네가 상강을 어떻게 알아?" 했더니 학생이 말을 이었다.

"교수님, 서리가 내려야지 모과가 향이 납니다. 저희 어머니께서 늘 그러셨어요. … '하물며 모과도 서리를 맞아야 정신을 차리고 향을 내는데 사람도 된서리를 맞아야 인간의 품격이 나온다. 그러니까 서울 애들은 집에서 지하철 몇 정거장만 지나면 학교에 다닌다고 할 때 너는 한 번 집에 다녀가려면 고속버스를 대여섯 시간씩 타고 몇 시간씩 걸어서 하루 걸려 집에 와야 하지만 이게 네게는 모과에 서리 내리는 것이라고 생각해라. 너는 다른 아이들보다 훨씬 향이 날 것이다'라고 하셨어요."

한영실 총장은 "박사인 나보다 농사지으시는 네 어머님이 더 훌륭하시다"라고 말하고는 많은 반성을 했다고 한다.

"그다음부터 이런 생각을 합니다. '입학할 때의 성적이 중요한 것이 아니다. 대학에서 무엇이 돼서 나가느냐가 중요한데, 우리는 마라톤 뛰어야 할 아이들을 초반 5킬로미터에서 진이 다 빠지게 한다.' 무엇을 가르쳐야 하는지, 어떻게 이끌어야 하는지 그때부터 고민하기 시작했죠."

상강이 지나야, 서리 맞은 모과, 그것도 된서리 맞은 모과가 향이 진하다. 평범한 듯한 이 이야기는 내게 오래도록 진한 여운을 남겼다.

서리와 모과 이야기를 한 모녀, 그 이야기를 전하는 한영실 총장. 그 이야기를 듣고 있는 우리 마음… 그러니까 세상을 사는 방법도, 세상을 보는 시각도 이렇게 다양한 것이다. 마찬가지로 성공을 보는 시각도 다양해야 한다. 우리는 가끔 부모님이 훈계를 하면 간섭한다고 짜증을 낼 때가 있고, 또 주변에서 누군가 쓴소리를 하면 '감히 누구에게 감 놔라 배 놔라 끼어드느냐'며 화를 내곤 한다. 참으로 이상한 것은 이렇게 사소한 것, 실상 내 인생에 큰 지장이 없는 훈수에는 존재를 다 걸고 화를 내곤 하면서, 세상이 '좋다' 하는 것에는 아무런 의문을 품어보지도 않고 획일적으로 휩쓸리곤 하는 것은 무슨 이유인가.

인생의 진로를 결정하는 것, 삶의 목적을 설정하는 것, 그리고 성공과 행복의 의미를 성찰하는 것 등은 오직 나만이 심사숙고하여 점검 또 점검, 설정 또 설정해야 한다. 그런데 어째서 우리는 유독 인생의 성공에 대해서 나의 기준이 아닌 세상의 기준에 따르는지, 희한한 일이 아닐 수 없다. 내가 무엇을 할지, 그래서 어떤 성공을 만들어내고 어떤 행복을 그려갈지는 누구도 대신해 생각해줄 수 없다.

> 어느 순간에는 분명히 내가 배우를 못 할 날이 있을 거예요. 나이가 먹든 아니면 무슨 경우든. 그러면 동시대 살아온 분들이 나이 들어서 '야, 내가 젊었을 땐 황정민이라는 배우가 있었는데 그 사람 작품 보며 참 행복했어. … 내 삶 속에 저런 배우가 있었다는 게 좋았어. 너희 삶 속에 저런 배우 있었어? 우리는 있었어.' 그런 배우로 남고 싶어요.
> -영화배우 황정민

사람은 거의 대부분 엄마의 몸 안에 거하면서 보호받다가 엄마의 품에 안겨 세상과 첫 대면하지만 세상을 떠날 때는 그 누구도 예외 없이 오직 혼자 떠나게 된다. 자신이 살아내는 삶의 성공도 인생을 마무리할 때 오직 혼자만이 알 수 있듯이 인생에 대한 책임 또한 오직 혼자 감당해야 한다. 따라서 먼저 해야 할 일은, 마치 성공에 이미 정해진 규격, 모양, 빛깔이 있는 것처럼 세상에 휩쓸릴 게 아니라, 나의 재해석을 통해 내가 생각하는 성공을 재정의해봐야 한다.

님 에게

대기업의 한 임원이 자살을 했다는 뉴스가 있었어요. 사람들은 그가 도대체 왜 자살을 했을까 고개를 갸웃거리며 한결같이 그의 연봉을 이야기하더군요. 그의 연봉이 수십억 원이었으며 게다가 자살하기 전날 보너스로 십수억 원을 받았다고. 그러면서 도대체 이해할 수 없다는 표정이었죠. 그렇게 돈을 많이 벌면서 왜 죽고 싶다는 생각을 하느냐는 거였죠. 굳이 설명을 찾으려 노력하던 한 사람이 이런 말을 했어요. '그 사람이 지기 싫어하는 성격이었다고 하더군…. 자살하기 전날 그가 받은 보너스 십수억 원이 그가 통상 받던 금액보다 적었다는 거지. 제일 잘 나가던 사람인데 밀리니까 못 견딘 거겠지'라고.

글쎄요. 그 사람이 목숨을 끊은 진짜 이유는 아무도 모르죠. 다만 그저 추정할 뿐이죠. 그런데 나는 사람들이 자살의 이유를 이해할 수 없다고 하는 이유가 왜 그의 연봉이 거액이었다는 것 하나로 집중되는지, 그 점이 이해가 되지 않아요.

성공이 도대체 뭘까요? 이 책을 쓰면서도 저는 의도적으로 성공이란 단어를 피하려 애썼어요. 성공이란 말이 괴물이 되어 사람들을 괴롭히는 것 같아 가끔 화가 나거든요. 널리 통용되는 말이라 이해를 쉽게 하기 위해 쓰기는 했지만 사실은 그마저도 쓰고 싶지 않았죠. 성공. 그건 한 사람의 생의 사이클이 완성된 후에나 알 수 있는 것 아닌가요? 죽음 직전에 선 사람이 마지막 숨을 거두기 전 그 스스로 '잘 살았다'라고 인정할 때만이 성공 아니겠어요?

실패는 또 뭘까요? 왜 자신이 실패했다고 생각하는 사람들은 사람들 앞에 서기 싫어하고 숨어들어가곤 하는 거죠? 내 인생인데, 그 누구의 것도 아닌 내 것인데, 성공이니 실패니 하는 것들의 기준을 우리는 남의 눈에 맞춰, 남들의 판단에 맡겨둔 채 내 인생의 주인됨을 포기하고 있는 것은 아닐까요?

분명한 것 하나는 성공한다고 행복해지는 것은 아니라는 거겠죠. 그러나 '행복하면 성공한 것이다'는 분명 맞는 말 같지 않아요? 행복하고 싶다면 돌아보세요. 내 마음이 어디에 휘둘렸는지.

7장
행복한 성공을
꿈꾸라

전설을
만난다는 것

우리는 가끔 동시대를 사는 사람들 중에 '살아 있는 전설'이라 불리는 이들을 보게 된다. 한 분야에서 한계를 뛰어넘어 그간 이루지 못한 일을 이루거나 재능이 반짝하고 단기간에 그치지 않는 사람을 일컬어 흔히 '살아 있는 전설'이라 부른다. 물론 그렇게 불리는 사람은 많지 않다. 그래서 그들을 만난다는 것은 인터뷰어인 나에게도 흔치 않은 기회다.

21세기 팝음악의 살아 있는 전설이라 불리는 인물, 퀸시 존스. 그와의 단독 인터뷰는 기분 좋은 기다림이었다.

그는 수식어나 설명을 붙이면 오히려 구차하게 느껴지는 팝음악의 거장이다. 세계에서 가장 빨리 팔려나간 〈We are the World〉를 프로듀싱, 지휘했다는 것은 잘 알려진 사실이다. 그리고 팝의 황제 마이클 잭슨의 〈Off the Wall〉〈the Thriller〉〈Bad〉를 프로듀싱했는데, 이 음반으로 그는 더욱 유명해졌다. 그래미상에 79차례 노미네이트되어 27번을 수상한 진기록을 비롯해 레이 찰스, 제임스 잉그램, 프랭크 시나트라, 사라 본 등 그와 함께 일한 아티스트는 모두 거명하기조차 숨차다.

음악계에서 활동한 시간만 60년이 넘다보니 그의 자료는 읽어도 끝이 없을 정도로 방대했다. 질문 또한 넘쳐날 수밖에 없었다. 그러나 인터뷰 시간은 정해져 있는 터, 그에게 반

인생은 너무 짧아요. 사람들은 그들이 행복해하는 걸 찾아갈 필요가 있어요. 제가 배운 것이 있다면 자신이 원치 않는 일을 할 경우 어려움에 빠지고 결국 실패한다는 겁니다. 지금 하는 일을 즐기고 있지 않다면 성공의 핵심은 자신이 열정적으로 할 수 있는 일을 찾는데 달려 있습니다. -할리우드 영화배우 존 조

드시 묻고 싶은 것을 농축해야 한다. 나는 인터뷰 장소로 향하면서 잠시 눈을 감고 생각에 잠겼다. 그만이 할 수 있는 말, 그가 다른 인터뷰에서는 하지 않았던 말, 나의 청중들에게 꼭 들려주고 싶은 보석 같은 말이 무엇일지, 바로 그런 그의 말을 끄집어내기 위해 난 무엇을 물어야만 하는지 내 생각의 겹겹을 파고들었다.

당신,
대단한 사람이군!

인터뷰 녹화가 이루어지는 현장은 늘 복잡하다. 촘촘히 짜여 있는 퀸시 존스의 스케줄로 인해 인터뷰 시간은 두 시간이 주어졌다. 보통은 게스트가 스튜디오로 와서 녹화가 진행되지만 그의 경우, 방송국이 그가 있는 곳으로 이동했다. 시청자는 화면 속에 정돈되어 앉아 있는 인터뷰어와 인터뷰이만 보이지만 실제 카메라 뒤에는 수많은 사람들이 참여한다.

PD와 나는 인터뷰가 시작되기 전날까지 한 가지 문제를 두고 이견을 좁히지 못했다. 영어로 인터뷰가 진행될 경우, 시청자의 불편함이나 지루함을 덜기 위해 어떤 방식을 써야 할지 늘 문제가 된다. 많은 경우 질문은 영어로 하되 한국어로 똑같은 질문을 반복한 뒤, 우리말로 하는 질문과 영어로 하는 답변만을 따로 편집해서 내보낸다.

나는 개인적으로 이런 방식을 좋아하지 않는다. 인터뷰는 핑퐁식으로 바로바로 주고받는 긴장의 미학이 살아 넘쳐야 한다. 그런데 매 질문마다 편집을 위한 우리말 질문(한국어 질문을 하는 동안 인터뷰이는 눈만 멀뚱멀뚱 뜨고 기다려야 한다. 이 순간이 아주 불편하다)을 다시 반복하느라 긴장감도 떨어지고 인터뷰의 몰입도도 당연히 떨어진다. 게다가 시청자들에게도 한쪽은 한국어로, 다른 한쪽은 영어로 말을 주고받는 어색한 광

7장 행복한 성공을 꿈꾸라

경을 보여줄 수밖에 없다.

　그래서 때로는 원칙대로 영어로 질문하고 영어로 답변을 듣는 방식이 채택되곤 한다. 이 경우 제작진의 우려는 영어만 난무(?)하면 듣기 피곤해진 시청자들이 채널을 돌려버리는 수가 있다는 것이다. 즉 화면 아래 해석 자막을 읽기 불편해한다는 이야기다. 그래서 더빙을 하기도 하지만 요즘은 구식이라며 잘 쓰지 않는 방법이 되어버렸다.

　퀸시 존스의 인터뷰를 앞두고 우리는 바로 이런 고민을 했던 것이다. 결국 우리는 영어로 묻고 영어로 답변을 듣는 정통 방식으로 진행을 하기로 했다.

　드디어 인터뷰 녹화 현장. 인터뷰 전날 잠깐 인사를 나눈 터라 인터뷰 당시에 이미 '구면'이 된 퀸시 존스는 마치 오래 알고 지낸 사람마냥 친숙한 모습으로 스튜디오로 들어섰다. 그러면서 이렇게 말했다.

　"나도… 이제 지연, 당신을 잘 알아요. 어제는 당신이 앵커라는 것만 알았지만 당신이 옥스퍼드에서 공부한 일이 있다는 것도 이젠 알아요."

　어떻게 알았느냐는 듯한 표정으로 내 눈이 둥그레지자, 그는 자신이 조사한 정보를 줄줄이 나열하기 시작했다. 인터뷰어만 인터뷰이를 연구하는 것이 아니다. 인터뷰이 또한 인

터뷰어를 조사한다. 퀸시 존스 정도라면 그럴 필요가 없는데
도 말이다.

'이래서 프로페셔널이구나' 하는 감탄이 절로 나왔다. 큰
것에도 당연히 신경을 쓰지만 작은 것도 세심하게 살폈다. 작
은 것에도 충실한 이런 태도 때문에 결국 그가 이뤄온 큰 것
들이 모두 가능했을 것이라 미뤄 짐작해본다.

첫 질문을 던지며 나는 기대감에 가슴이 뛰었다. 전설을 전설이 되게 만든 것은 어떤 것들인지, 그만이 아는 그 비밀을 나의 애청자들과 어떻게 공유할 것인지, 광맥을 눈앞에 둔 기대감도 있었지만 동시에 궁금증 또한 크게 자리 잡았다.

> 젊었을 때는 되게 욕심이 많았어요. 꼭 1등을 해야 되고 판매도 제일 많이 해야 되고 제가 그런 욕심이 되게 강한 사람이었어요. 그래서 저희 가수들한테 그걸 강요도 많이 했었고 그런 음악을 하기 위해서 더 노력도 많이 했던 것 같아요. 그런데 지금은 '즐겁게 하는 음악을 하고 싶다'는 얘기를 굉장히 많이 해요. 1등이 목적이 아니라 롱런하면서 즐겁게 할 수 있는 음악. 끝까지 그런 음악이라는 즐거움 속에서 살고 나누고, 그렇게 하고 싶어요. ―작곡가 김창환

'세상이 말하는 전설인데 실제로 만나서 깊은 대화를 나눠보
아도 변함없이 놀라울까?'

그와의 인터뷰 녹화 테이프는 정확히 2시간 40분. 인터뷰
전후로 대화를 나눈 시간까지 합치면 3시간. 그는 예정된 시
간을 훨씬 넘어 인터뷰 시간을 할애해줬다. 카메라 뒤에선 그
의 비서진이 다음 일정을 위해 떠날 시간이라며 시계를 가리

키고는 입모양으로 '가야 해요'를 연발하며 재촉했다. 하지만 그는 꿈쩍도 하지 않고 인터뷰어와 같은 강도의 집중도로 인터뷰에 몰입하고 있었다.

인터뷰 도중 그가 만면에 만족스런 웃음을 띠고 갑자기 나를 향해 손가락을 쳐들며 "You are something! 당신, 대단한 사람이군!"이란 말을 한 것은 그가 처음 작곡한 노래 〈From the Four Winds〉에 대한 질문을 던졌을 때였다.

"Oh… Jiyeon… You are something!" 하며 그는 자신의 주먹을 나의 주먹에 갖다 대며 잠시 호흡을 가다듬었다. 노장의 머릿속엔 그가 소년이었을 당시로 급하게 필름 되감기가 진행 중인 듯했다.

극한의 절망과 척박함 속에서
전설이 탄생하다

퀸시 존스의 인터뷰 날짜가 잡힌 후, 늘 그렇듯 난 그에 대한 자료 조사에 들어갔다. '인터뷰이가 결정되면 인터뷰이에 대해 최대한 많은 자료를 조사해야 한다'는 평소의 내 원칙대로 움직인 것이다. 그것은 인터뷰이에 대한 최소한의 예의이기도 하고, 또 대상에 대해 알면 알수록 질문의 심도도 깊어질 수 있기 때문이다. 짜인 대본에 따라 1, 2, 3, 정해진 질문만을 주고받는 것은 인터뷰가 아니다. 인터뷰엔 대본이 없다. 인터뷰는 인터뷰어가 인터뷰이의 삶 속으로 다이빙해 들어가 마음의 정원에서 나누는 대화다. 그것이 내가 지향하는 인터뷰다.

그럼에도 퀸시 존스의 자료는 너무 많았다. 주로 그가 얼마나 대단한 음악계의 인물인지를 입증하는 것으로 넘쳐났지만 나는 그의 어린 시절에, 그의 뿌리에 더 관심이 갔다. 그래서 뒤지고 뒤지다 찾은 자료가 그의 나이 14살, 생애 처음으로 작곡한 작품 〈From the Four Winds〉였던 것이다. 그는 그 작품으로 결국 프로페셔널한 음악가의 세계로 들어가는 계기를 만들었다. 전설적인 라이오넬 햄프턴 밴드가 그 곡을 듣고 당시 소년이었던 퀸시 존스를 한눈에 알아본 것이다.

"그 곡, 〈From the Four Winds〉가 눈에서 피가 날 정도로 며칠 밤을 새울 때 만들어진 곡인가요?"라고 질문하자 '전설'의 눈빛이 그 시절을 더듬듯 잠깐 흔들렸다.

"맞아요. 음악밖에 없던 시절이었죠. 음악의 '음' 자도 모르다가 음악을 발견하고 완전히 미쳤지요. 음악을 배우지도 않았고 트럼펫을 어떻게 부는지도 몰라서 입술에서는 피만 났죠. 그러나 음악을 사랑해서 음악에 미쳐 있다 보니 음악을 알게 되었어요. 그때는 텔레비전도 없었고 MTV도 없었어요. 음악을 들을 곳도 없었죠. 악보를 배운 것도 아니고, 악기도 당연히 없었죠. 음악을 듣기 위해 레코드 가게에서 하루 종일 앉아 있기도 하고, 학교 밴드에서 혼자 악기를 배웠어요. 한 번은 3일 밤을 한숨도 자지 않고 작곡에 매달렸어요. 잠을 안 잤다는 것을 잊은 거죠. 눈에서 피가 나더라고요. 그때 〈From the Four Winds〉를 만들었어요."

그는 자신이 14살에 작곡한, 그러나 세상이 그다지 기억해주지 않는 사실을 찾아내 질문한 인터뷰어에게 보답이라도 하듯 의자에 더 깊숙이 자리를 잡고 앉았다. 그러고는 그의 어린 시절에 대한 이야기를 이어 갔다.

"There was nothing, but survival. 아무것도 없었어요. 그저 생존할 뿐이었죠. … 내가 어렸을 때 세계경제는 대공황의 어려움에 빠졌을 때였고, 나는 시카고에서도 가장 어려운 흑인 빈민가에 살고 있었죠. 내 눈에 보이는 건 시체더미와 갱들뿐이었어요. 아이들은 보는 대로 자라게 되는 경향이 있죠. 나도 그저 힘센 갱이 되고 싶었어요. 그런데 어느 날 창고에 음식을 훔쳐 먹으러 들어갔다가 피아노를 봤어요. 나도 모르게 건반에 손을 얹는 순간 표현할 수 없는 느낌, 마치 온몸의 세포가 다 살아나는 것 같았어요. 그때 알았죠. 이것이라는걸."

전설은 그렇게 시작되었다. 생존 외엔 아무것도 생각할 수 없었던 극한의 절망과 척박함 속에서. 그때 그는 겨우 7살이었다. 우리가 다 아는 세계적인 스타 프로듀서가 어린 시절을 회상하며 "그때는 그저 생존밖에 없었어요"라고 말하는 짧은 한 문장은 내 머릿속에 갑자기 여러 생각과 감정을 일순간에 흩뿌려 놓았다. 나는 갑자기 그가 못 견디게 고마웠다. 아무것도 손에 쥔 것이 없는 사람이 최대치의 성공을 이뤄낼 수 있다는 것을 보여준 그가 고마웠다. 도전해보지도 않고 절망하거나 자살하려는 사람들에게 '거 봐! 인생은 해볼 만한 거야'라며 내 인터뷰 프로그램의 시청자들에게 외치듯 증명해준 그가 고마웠다. 더불어 아직도 세상에는 'There was nothing, but survival'인 아이들이 많다는 것에, 갖가지 복잡한 생각이 한꺼번에 밀려오면서 나는 잠깐 말을 이을 수 없었다.

진정 '아는 사람'과 '안다고 생각하는' 사람의 말은 큰 차이가 있다. 한 분야에서 전설이 된 사람은 진정 아는 자, 진정 가진 자, 진정 이루어본 자다. 다 가졌기 때문에 여유가 있고, 다 알기 때문에 모르는 척 진수를 알려줄 수 있으며, 다 이루어보았기 때문에 긴 호흡으로 터득한 무엇을 줄 수 있는 것이다.

전설의 매력은 그러한 것이다. 세상에 판치는 과대 포장

된 가짜들이 감히 주지 못하는 '진짜' 전설이 주는 감동은 바로 그런 것이다. 그들의 말은 믿어볼 만한 것 아닌가. 그 또한 맨 땅에서 극한의 아픔과 절망을 통과하며 성공을 만들

나는 갑자기 퀸시 존스가 못 견디게 고마웠다. 아무것도 손에 쥔 것이 없는 사람이 최대치의 성공을 이뤄낼 수 있다는 것을 보여준 그가 고마웠다. 도전해보지도 않고 절망하거나 자살하려는 사람들에게 '거 봐! 인생은 해볼 만한 거야'라며 내 인터뷰 프로그램의 시청자들에게 외치듯 증명해준 그가 고마웠다.

어냈기에, 누군가 등을 밀어줘서가 아니라 그 스스로 등을 밀고 끌면서 오늘을 만들어냈기에, 당당히 우리 앞에 입증해 보였기에, 지금 내 상황이 어렵고 팍팍하다 해도 '그래 한번, 나도 해보자!'라고 마음을 바꿔먹을 수 있는 것 아니겠는가.

웃어라, 세상이
너와 함께 웃을 것이다
퀸시 존스의 인간적인 숨은 매력은 그의 음악을 들어보면 발견할 수 있다. 그의 음악은 삶을 즐기고 사랑한다. 시체더미를 보며 자라난 사람이 만들었다고는 믿기지 않을 만큼 아름답고 감미롭다. 마음의 감정선을 한 올 한 올 건드리고 간질인다. 도대체 어떻게 이런 일이 가능한가. 나는 그가 인터뷰 도중 한 말에서 실마리를 찾았다.

"내 유일한 동생이 암에 걸려 죽게 되었을 때, 나는 정신이 나갔어요. 그 애를 살리기 위해 내 몸의 반쪽이라도 떼어주고 싶었고 모든 훌륭한 의료진을 다 찾아다녔어요. 왜 그 아이에게 이런 불행한 일이 일어났는지 이해할 수 없었죠. … 흑인 빈민촌에 살던 시절, 건장한 청년들이 와서 어머니를 침대째로 들어서 정신병원으로 옮겨갔어요. 아이들이 보기에는 끔찍한 광경이었죠. 동생의 눈을 가렸어요. 하지만 동생은 어려운 시절, 그 고통과 아픔을 전부 내재화했던 것 같아요.

나는 달랐어요. 상황이 너무 어려울 때, 집안 상황이 엉망이고 들리는 건 갱들의 총소리뿐일 때 나는 집에 있던 옷장 안에 들어가 앉아 있곤 했어요. 눈을 감고 귀를 막았죠. 그러고 있으면 모든 부정적인 생각과 고통이 내 안에서 전혀 다른 색깔로 완전히 변환되곤 했어요. 아름다운 것들로, 빛나는 것들로. 동생을 치료했던 의사가 그러더군요. 같은 상황에 있었지만 나와 동생의 차이는 그런 거라고. 가난, 어머니의 부재, 양어머니, 고통 등이 내 안에서 오히려 음악과 창조에 대한 에너지로 탈바꿈되었기 때문에 내가 이렇게 행복하게 살아 있는 거라고…"

이 지점에서 나는 인터뷰 전에 기대감과 더불어 가졌던 궁금함에 대한 답을 얻은 것 같았다. '세상이 다 아는 그 전설이 실제로 만나보아도 변함없이 놀라울까?'에 대해 퀸시 존스는 내게 명쾌한 답을 주었다. 그는 기대 이상으로 가슴 뿌듯함을 선사하는, 숨겨놓은 보물이 많은 인터뷰이었다. 단지 세상이 칭송하는 성공이 아닌, 인생의 행복이 무엇이어야 하는지에 대한 모범 답안. 남들은 성공했다고 말하지만 스스로는 행복하지 않은 그런 성공이 아니었다. 열정적으로 살다 보니 성공은 절로 따라왔고 그래서 그 자신이 '하루하루의 인생이 의미 있고 행복하다'고 여기는 그런 행복한 성공을 이룬 사람. 그는 내가 시청자들에게 보여주고 싶은, 그래서 결국 이 책의 독자들에게 전달하고 싶은 '행복한 성공'이 가능하다는 것을 보여주었다.

나는 현장에서 이 말을 생중계하듯 외쳐주고 싶었다. '자신에게 일어나는 일을 어떻게 해석하느냐에 달린 것이다!'라고. 성공하면 행복해지는 것이 아니라, 성공과 행복은 함께 만들어갈 수 있는 것이라고.

"어린 시절을 어렵게 보내셨는데 사람들은 당신을 바라보면서 당신이 이룬, 지금 가진 성공만을 바라보는 경향이 있어요."

"마치 태어날 때부터 버킹엄 궁전에서 태어난 것처럼 생각하죠."

"네, 그렇죠. 그런데 무슨 차이죠? 왜 똑같은 어려운 상황에서도 어떤 사람들은 극복해내고 어떤 사람들은 무너지고 마는 걸까요?"

"긍정적인 사고방식이 가장 중요한 것 같아요. 왜냐하면
다 생각하기 나름이거든요. 자신에게 일어나는 일을 어떻게
해석하느냐에 따른 겁니다. 생각하기 나름이에요."

"내가 생각하는 나름… 이거군요?"

"맞아요, 생각이 중요합니다. 생각을 바꾸면 말도 바꿀 수
있어요. 정말 놀라운 일이죠. 그래서 이런 말도 있습니다. 사람
은 사랑, 즐거움, 삶 그리고 나눔에 대한 생각을 해야 한다고."

"사랑, 즐거움, 삶, 나눔이요."

"그중에서도 즐거움, 즉 많이 웃는 것이 굉장히 중요하죠.
… 유머 감각은 아주 중요해요."

퀸시 존스가 이 중요한 말을 잇는 동안 나는 현장에서 이
말을 생중계하듯 외쳐주고 싶었다. '자신에게 일어나는 일을
어떻게 해석하느냐에 달린 것이다!'라고. 성공하면 행복해지
는 것이 아니라, 성공과 행복은 함께 만들어갈 수 있는 것이라
고. 행복이 성공에 의해 정의되는 것이 아니라, 오직 나만이
나를 위한 행복한 성공을 만들어나가고 정의할 수 있는 것이
라고.

7장 행복한 성공을 꿈꾸라

행복과 성공이
함께 가는 길

10대와 20대의 청춘들이 아직 인생을 제대로 시작하기도 전에 벌써부터 '불확실한 미래 때문에 불안하고 두렵다'고 눈물짓는 것이 나는 너무나도 안타깝다. 불확실하면 잘 모르기 때문에 불안하기도 하지만, 오히려 아직 결정되지 않았기 때문에 내가 당장 상황을 바꿀 수 있는 것이기도 하다. 시선을 불안함의 측면에만, 부정적인 면에만 두고 모든 것을 해석하기 때문에 성공도, 행복도 찾아올 구석이 없는 것은 아닌가.

퀸시 존스는 자신의 삶과 음악에서 중요한 것은 오직 네 가지뿐이라고 말했다.

"love, laugh, live…, give. 그중에서도 laughing이 가장 중요하죠."

그처럼 성공한 사람에게 그 네 가지가 무엇이 어렵겠냐고? 무슨 말씀을. 어린 시절 그의 상황이 어떠했을지 머릿속에서 잠시라도 그려보자. 즐거움, 웃음 이런 것이 나올 수 있었을까? 그는 절대적 절망과 생존의 바닥에서 단지 웃음과 유머에 그친 것이 아니라, 음악을 만들어냈다. 그는 아직도 자신의 인생의 전성기는 "tomorrow"라고 이야기한다. 그는 성공했기 때문에 멈추지 않는 에너지를 얻는 것이 아니라 행복한 성공을 알기 때문에 끊임없이 에너지를 만들어내는 것이다.

성공하기 위해서 행복을 담보로 잡아야 한다고 말하면 '좋아요. 그렇게 하죠. 성공이란 것만 거머쥐면 됩니다'라고 선뜻 이야기할 사람이 있을까. 우리는 성공이란 것이 무엇인지 모르면서 단지 세상이 그렇게 외치기 때문에 주술에 걸린 듯 달려가는 것은 아닐까. 그 때문에 내가 만들어낸 불행 속에서 정작 중요한 것을 잃어버리고 있는 것은 아닐까. 행복에는 정해진 정의도 공식도 없다. 다만 나만이 만들 수 있고 인정할 수 있는 공식만이 존재할 뿐이다.

불확실하면 잘 모르기 때문에 불안하기도 하지만, 오히려 아직 결정되지 않았기 때문에 내가 당장 상황을 바꿀 수 있는 것이기도 하다. 시선을 불안함의 측면에만, 부정적인 면에만 두고 모든 것을 해석하기 때문에 성공도, 행복도 찾아올 구석이 없는 것은 아닐까.

7장 행복한 성공을 꿈꾸라

,

님 에게

한국전쟁의 영웅, 백선엽 장군을 혹시 기억하시나요? 만약 그가 없었다면, 그가 낙동강전투에서 말라리아에 걸려 고열에 시달리면서도 '후퇴는 없다. 여기서 밀리면 우리는 모두 바다로 들어가야 한다. 내가 후퇴하면 나를 죽이라' 하고 밀고나가지 않았다면 지금의 38선이 어디에 있을지 아무도 알 수 없겠지요. 그분을 한국전쟁 60주년을 기억하며 인터뷰했어요. 사료에서만 보았던 기개 있는 장군의 모습은 온데간데없었죠. 걷기 힘든 어르신은 귀도 많이 어두워지신 듯했어요. 인생에 대한 만감이 교차하기도 했죠. 그러나 그분의 노쇠한 모습이 그의 인생이 한국사에 남긴 족적을 가린다는 것은 절대로 불가능한 일이에요.

팝의 전설 퀸시 존스는 그의 천재적 프로듀싱 능력이 어떻게 가능하냐는 내 질문에 자신의 귀를 가리켰어요. '나는 음악을 듣는 대단한 귀를 가졌다'고만 분명하게 대답했죠. 그래요. 음악에는 '귀'가, 예민한 귀가 아주 중요하다고들 말하죠. 그의 대단한 귀는 그가 음악계에서 성공을 이뤄내는 데 결정적 역할을 했죠. 그런데 이제 팔순에 가까운 노장의 귀는 세월과 함께 노화의 길을 피할 수 없는 것 같아요. 인터뷰 도중, 그는 잠시 듣는 데 어려움을 겪기도 해서 재차 질문을 해야 했어요. 그렇다고 해서, 그의 귀 역시 노화의 길을 걷는다고 해서 거장의 전설이 사라질까요? 노장은 이제 불행하기라도 한 걸까요?

세월과 함께 변색되거나 스스로 생각하기에 '오, 옛날이여'라고 허망하게 과거를 회상한다면 그건 성공도 성취도 아니겠죠. 세월이 아무리 지나도 혹여 노쇠와 노화의 길을 걷는다 해도, 스스로 변함없는 의미를 부여하고 간직할 수 있다면 그것이 성공이겠죠. 그리고 행복할 수 있다면 진짜 성공이죠.

어떤 성공을 꿈꾸시나요?
무엇이 당신이 생각하는 성공인가요?

Critical
Mass

8장
도시의 산책자가
되라

반전은
늘 안쪽에 존재한다   폴 스미스를 인터뷰하기로 한

날, 나는 그가 디자인한 옷을 입었다. 인터뷰이에 대한 최소
한의 예의라고 생각했다. 사실 내게 도착한 폴 스미스의 재킷
은 날씨에 어울리지 않는 두꺼운 모직 소재였다. 스튜디오 조
명 아래서 이 옷을 입고 몇 시간씩 인터뷰를 진행하려면 땀을
흘릴 것이 분명했지만 나는 마다하지 않았다.

겉은 평범한 듯 보수적인 정장이지만, 그의 디자인의 반전
은 대개 색다른 안감에 있다. 겉은 점잖다. 그러나 속살을 헤
치고 보면, 안감에는 늘 장난스럽거나 도발적인 컬러와 디자인

이 숨어 있다. '이런 디자인을 하는 사람은 어떤 캐릭터일까?' 문득 인터뷰이를 빨리 만나보고 싶어 마음이 급해졌다.

　녹화가 있는 날이면 나는 늘 인터뷰이가 도착하기로 예정된 시간보다 한 시간 일찍 스튜디오에 도착한다. 스튜디오에는 내 대기실과 인터뷰이의 대기실이 나란히 붙어 있는데, 인터뷰이가 도착했다는 전갈을 받으면 나는 옆방 대기실로 찾아가 감사의 인사를 한다. 인터뷰이가 혹 후배라 해도 내가 꼭 지키는 원칙 가운데 하나다. 그런데 폴 스미스는 내 이런 원칙을 깨버렸다. 똑똑. 폴 스미스, 그가 내 방문을 열고 들어온 것이다. 세상에!

　깜짝 놀라 눈이 휘둥그레진 내게 두 팔 벌려 성큼성큼 걸어 들어온 그는 이렇게 말했다.

　"백지연 씨 실물이 어떻게 생겼는지 궁금해서 참을 수가 있어야지요."

　그는 이미 영국에서 내 사진을 구해서 봤고, 내 이름 또한 알고 있었다.

관찰자가 되어
세상의 지혜를 얻다　격식이나 대접 따위는 전혀 개

의치 않는 그의 친밀감 넘치는 첫인사 덕에 우리는 스튜디오로 향하면서 벌써 오랜 친구가 된 듯했다. 인터뷰가 업무가 아니라 여행처럼, 휴식처럼 진행되었음은 굳이 설명할 필요도 없으리라.

폴 스미스. 그는 전 세계에 수백 개의 매장을 갖고 있는 세계적인 디자이너로 패션 왕국의 소유주다. 또한 디자이너이면서 경영인이다. 그를 보며 가장 특이했던 점 가운데 하나는 그런 사람들에게 있을 법한 태도, 말하자면 특별한 상황이나 대접을 요구하는 그 무엇을 도무지 찾아볼 수 없다는 것이었다.

인터뷰를 시작한 지 얼마 되지 않아 나는 그 이유를 알 수 있었다. 그의 품성이었다. 그는 자신이 중심이 되고자 애쓰지 않았다. 오히려 주변 사람들을 중심에 슬쩍 밀어 넣고 자신은 관찰자가 되었다. 자신이 중심에 섰을 때 사람들은 그를 쳐다보지만, 정작 그 자신은 주변을 볼 수 없어 아무것도 얻지 못한다는 사실을 아는 것이다. 그는 진정 지혜로운 관찰자였다.

'보는 것'과 '보이는 것'

그의 트레이드마크가 된 안감 디자인은 그의 그런 품성에서 나온 것이 아닐까. 그를 보며, 그가 만든 옷의 겉과 속을 생각하며 영화배우이자 감독인 기타노 다케시의 일화가 떠올랐다.

포르쉐 자동차가 꼭 갖고 싶었던 기타노 다케시는 어느 날 드디어 포르쉐를 구입해 운전대를 잡게 되었다. 그런데 운전하는 순간 그는 '내가 원하는 것은 이게 아니야' 하고 깨달았다. 차에 올라 운전대를 잡고 있는 동안에는 그 멋진 포르쉐를 제 눈으로 볼 길이 없지 않은가!

실망한 그가 한 일은 친구 부르기. 친구에게 포르쉐를 운전하게 한 뒤 자신은 택시를 타고 그 뒤를 따라다니며 그 차가 멋지게 달리는 모습을 실컷 구경한 후에야 그것을 구입한 행복감을 맛보았다고 한다.

많은 사람들이 명품을 입는 이유는 무엇일까? 명품을 진정 즐기기 위함인가? 아니면 '나, 이 비싼 명품을 입었노라' 하고 세상에 보여주기 위함인가?

폴 스미스의 안감과 기타노 다케시의 일화에는 겹치는 구석이 있다. 기타노 다케시는 자신이 중심에 섰을 때 사람들은 당신을 쳐다보지만, 정작 당신은 주변을 볼 수 없다. 즉 주변으로부터 아무것도 얻을 수가 없는 것이다.

남들이 보는 포르쉐가 아니라 자신이 볼 수 있는 포르쉐를 원했다. 폴 스미스 또한 '보여주기'를 진즉에 뛰어넘은 자신만의 디자인 세계를 이루었다. 그는 남에게 보이는 부분이 아닌 나만 볼 수 있는, 남들은 보지 못하고 오직 그 옷을 입는 나만을 향해 열려 있는 세상인 안감에 진짜 이야기를 숨겨놓았다.

작은 것을 챙겨서
큰 것을 만들라
패션 왕국을 이룬 폴 스미스는
학교에서 패션을 배운 적이 없다. 패션뿐만 아니라 고등교육도
받지 않았다. 그는 자전거 선수가 되고 싶은 소년일 뿐이었다.
그런데 자전거 연습 중에 입은 부상이 인생의 전환점이 되었
다. 큰 부상을 입어 병원 신세를 지게 되었는데 그곳에서 '디
자인'하는 친구들을 만났다. 부상으로 선수의 꿈을 접은 그에
게 디자인은 멋진 신세계였고, 정식으로 디자인을 공부한 여
자친구는 그에게 디자인의 기초에 눈을 뜨게 해주었다. 그러
니까 디자이너가 되기까지 그를 지도해준 선생님은 지금은 그
의 아내가 된 여자친구밖에 없었다. 이처럼 여느 디자이너에
견주어 무척 불리한 출발을 했던 그가 세계적인 디자이너로
우뚝 선 비결은 무엇일까?

작은 습관에서 싹트기 시작한 폴 스미스의 천기를 누설하
기 전에 잠깐 1780년대 한국 고전을 산책해보자. 이들의 이야
기 속에는 작은 것을 챙겨서 큰 것을 이룬 그 시대의 관찰법이
담겨 있다.

1612년부터 무려 3백여 년 동안이나 중국을 지배했던 청
나라는 중국 역사상 가장 큰 영토를 차지했을 뿐만 아니라 3
억이 넘는 인구를 기록한 대제국이었다. 청제국은 유럽과 무

역을 통해 상당한 부를 이룩했고 당시 세계 최고의 생산력을 보유하고 있었다. 이러한 청나라를 여행하고 돌아온 박지원은 청제국의 본질을 "대규모와 세심법"으로 보았다(이는 박지원보다 앞서 청을 다녀온 홍대용의 견해를 이어받은 것이다). 즉 청제국의 사회·경제·문화의 덩치는 엄청난 규모지만〔대규모〕 그것을 유지하는 마음 씀, 곧 작동 원리는 〔세심함〕이라 보았던 것이다. 외교사절의 비공식 수행원이었던 박지원은 여행할 때 청의 여염집, 술집, 외양간, 거름더미, 수레, 복식 등 일상생활을 관찰하면서 거대한 제국을 움직이는 실제적 원리를 파악했다. 세심한 관찰을 통해 대제국의 표면을 꿰뚫고, 그 이면에 숨어 있던 진짜배기 원리를 찾아낸 것이다. 그는 《열하일기》에 이렇게 썼다.

"한 가지 일도 구차스레 미봉하는 법이 없고, 한 가지 물건도 허술하거나 난잡스런 형태를 취하고 있지 않다." 또한 "장작더미와 거름 무더기까지도 그림처럼 곱게 쌓여 있다"고 했다.

비슷한 시기에 북경을 다녀온 박제가의 시각 또한 박지원과 일치한다. 박제가는 《북학의》에 이렇게 썼다.

"중국 자기는 정밀하지 않은 것이 없다. 비록 쓸쓸한 마을, 다 쓰러져 가는 집 가운데 살지라도 모두 금벽으로 채색하고 그림을 그린 항아리, 술잔, 물동이, 주발 등을 가지고 있다. 그 사람들이 꼭 사치를 좋아해서가 아니다. 쟁이의 일이 원래 그렇다."

박지원이나 박제가가 청에 갔을 당시의 청은 융성할 대로 융성한 시기였다. 그들이 그곳에 간 이유는 그 융성의 비밀을 찾기 위함이었다. 그들은 그 비밀 가운데 하나를 "작은 것을 챙겨서 큰 것을 만들어내는 저력"에서 찾았다. 이것은 "중국 자기는 정밀하지 않은 것이 없다"로 축약되는 작은 것에 대한 세밀함, 일상의 소소함도 간과하지 않는 치밀함, 일상에 숨겨진 본질을 놓치지 않는 감수성이 청 문화의 저력을 만들었다는 은유의 표현이 아니겠는가. 거대한 탑도 결국 벽돌 하나로 시작하는 것이다.

폴 스미스는 가능한 한 세상의 모든 순간을 향해 자신의 카메라를 들이댄다. 그는 모든 것을 놓치지 않는다. 아니, 모든 순간을 기록한다. 매 순간을 영상이나 글로 담고 그러한 찰나의 기록은 그의 작품으로 어김없이 등장한다.

일상에서 순간을 포착해내는 힘을 키워라

다시 폴 스미스와의 인터뷰로 돌아가보자. 그는 그만의 디자인 비법을 묻는 내 질문에 카메라와 메모장을 내놓았다. 카메라, 메모장 둘 다 갖고 다니기에 불편하지 않은 작은 것이었다. 그는 가능한 한 세상의 모든 순간을 향해 자신의 카메라를 들이대고 있는 듯했다. 그는 모든 것을 놓치지 않았다. 아니, 모든 순간을 기록했다.

8장 도시의 산책자가 되라

매 순간을 영상이나 글로 담았고 그러한 찰나의 기록은 그의 작품으로 어김없이 등장했다.

거리를 지나가는 학생들의 웃음, 머릿결, 공항에 착륙한 뒤 비행기 창밖으로 보인 비행기 날개의 그림자, 자전거 바퀴 등 찰나의 순간을 카메라에 담았고, 그것들이 그의 디자인 작업에서 영감이 되어주었다.

"디자이너가 되기 위해서는 특별한 무언가를 찾을 수 있어야 합니다. 저는 단지 보고 넘기는 게 아니라, 잘 관찰하는 눈을 가진 것을 행운이라고 생각합니다."

그는 다음과 같은 내 질문에 속이 뻥 뚫리는 명쾌한 답을 내놓았다.

"어떤 사람들은 창작이 모방에서 시작된다고 하지 않나요?"

"그건 틀린 거예요."

여유가 넘치던 그가 바늘 하나 들어갈 틈도 주지 않고 단호하게 부정하더니 이내 덧붙였다.

"당신이 세상 어디에 있든지 간에, 이를테면 인도 라자스탄 지방의 길을 걷다 아름다운 색들을 보거나 벽화를 보고 웃을 수 있겠죠. 모든 것에

시대의 예술가들은, 아니 거창하게 예술가까지는 아니더라도 무언가 창의적인, 자신만의 독특한 세계를 만들어내는 사람들은 우리도 매일 보는, 우리도 들어가 찾을 수 있는 '일상'이라는 지구인 공용의 시공간에서, 단지 우리가 지나쳐버린 것들을 순간포착해낸 사람들이다.

서부터 영감을 받을 수 있습니다. 그러나 다른 패션은 보지 마세요. 어제 신문을 보는 것과 같아요. 이미 존재했던 거예요. 생각을 창조해내기 위해서 마음과 상상의 세계를 열기 바랍니다."

시대의 예술가들은, 아니 거창하게 예술가까지는 아니더라도 무언가 창의적인, 자신만의 독특한 세계를 만들어내는 사람들은 우리도 매일 보는, 우리도 들어가 찾을 수 있는 '일상'이라는 지구인 공용의 시공간에서, 단지 우리가 지나쳐버린 것들을 순간포착해낸 사람들이다. 그들의 영감은 우리가 못 보는, 우리는 만나볼 수 없는, 오직 특별한 그들만이 볼 수 있는 다른 세계에서 길어오는 것이 아니다. 나는 이 중대한 사실을 수많은 창작인들을 인터뷰하면서 공통적으로 발견했다. 공통적이라면? 대략 정답에 가깝다는 말이지 않겠는가.

지금, 거리를
서재로 바꾸라

도시 산책자의 전형을 보여주는 예술 작품과 인물들은 수없이 많다. "빛의 화가" 모네도 그중 한 사람이다. 모네에게 〈산책〉은 어떤 작품일까? 알려진 대로, 〈산책〉의 주인공은 모네의 모델이자 첫사랑이었던 카미유 동시외Camille Doncieux. 모네는 모델 카미유와 첫눈에 사랑에

8장 도시의 산책자가 되라

빠져 바로 동거에 들어갔다. 하지만 이는 그의 부모가 절대로 받아들일 수 없는 일. 그의 부모는 생활비를 끊어버렸고 모네와 카미유는 생활고에 허덕였다. 생활고 속에서도 카미유는 모네의 예술적 영감의 원천이 되었고 어느 산책길 위에서 "본 [觀察]" 카미유의 모습은 그의 화폭에 순간포착되었다. 이 산책과 순간포착의 4년 뒤 카미유는 세상을 떠났다. 〈산책〉에 담긴 순간은 모네에게는 영원히 붙잡고 싶은 카미유와의 추억, 그 전부의 상징이라 할 수 있겠다.

> 새로운 것의 발견을 위해서는 산책자로서 진정 산책의 자세를 갖춰야 한다. 산책이다. 경보도 아니고 달리기도 아니다. 그저 천천히 거닐며 호흡을 정리하는 산책이다. 몸에 힘이 빠져 있어야 한다. 그래야만 나의 고정관념이 아닌 새로운 시각으로 세상과 만날 수 있다.

나치스를 피해 오른 망명길에서 스스로 목숨을 끊은 비운의 지식인 발터 벤야민 또한 산책자의 전형을 보여준다. 그 스스로 "진정 내 모든 악전고투와 내 모든 사상이 펼쳐지는 무대"라고 부른, 최대의 저작 《아케이드 프로젝트》를 잠시 엿보자. 그는 이 책에서 끝없이 파리의 곳곳을 걸으며 아케이드, 유행품 가게, 패션, 거리, 뒷골목 등을 "본다[觀察]." 관찰해서 보았다는 것이다. 아울러 그가 확인한 산책으로 얻은 관찰 외에 세상 여러 사람들이 확인한 산책의 산물을 《아케이드 프로젝트》에 인용해 수집해두었다. 그중에 내 눈을 사로잡은 것은 바르텔레미의 "나는 특히 과거의 습관에 충실하면서 거리를 서재로 바꾸고 싶다"였다.

"거리를 서재로 바꾼다." 나는 이 대목에 밑줄을 좍 긋는다. 이를 독자들과 공유하고 싶어 참을 수가 없다. 거리를 서재로 바꾼다. 도시를 서재로 바꾼다. 내가 속해 있는 세상을 서재로 바꾼다. 자, 고개를 들어 세상을 보자. 바로 내 옆, 가까운 곳부터. 눈을 뜨고 있다고 보는 것은 아니고, 본다고 관찰하는 것은 더더욱 아니다. 내 주변에 널려 있는 많은 것들을 우리는 지금 이 순간에도 놓치고 있다. 눈을 뜨고 있어도 보지 못하고 그저 무심히 바라보기 때문에 잡아내지 못하는 것이다.

내 마음의 시각을 바꾸는 순간, 매일 주변에서 보던 모든 것이 내게 새로운 의미를 주는 관찰 대상이 된다. 그렇다고 해서 모든 것을 관찰의 대상으로 보기 위해 수학책 펴고 자로 측정하듯 눈을 들이대라는 뜻은 아니다. 새로운 것의 발견을 위해서는 산책자로서 진정 산책의 자세를 갖춰야 한다. 산책이다. 경보도 아니고 달리기도 아니다. 그저 천천히 거닐며 호흡을 정리하는 산책이다. 폴 스미스처럼, 박지원처럼, 박제가처럼, 모네처럼, 벤야민처럼 마음에 여유가 있어야 한다. 몸에 힘이 빠져 있어야 한다. 그래야만 나의 고정관념이 아닌 새로운 시각으로 세상과 만날 수 있다.

때로 모든 것을 담아낼 수 있는, 모든 것을 받아들이고 즐길 준비가 되어 있는 여유. 폴 스미스를 인터뷰하는 내내 그가 보여주었던 유머와 친근감과 편안함의 바탕이 여기에 있었다.

그렇다면 이제 관찰을 하기만 하면 되는 것인가? 이런 의문이 들 것이다. 물론 아니다. 중요한 것을 덧붙여야 하는데 바로 기록의 습관이다. '아!' 하고 느끼는 순간 눈과 귀와 마음에 지나가는 찰나를, 사진이든 메모든 어떤 방법으로든 남겨두어야 하는 것이다. 당신만의 데이터베이스가 만들어지도록 쌓아두고, 가끔씩 그것을 다시 꺼내보고, 거기에 또 새로운 것을 첨가해 축적해두는 것이다.

기록의 효용 가치를 높이고 처음부터 효율적으로 체계화하기 위해서는 이를 카테고리별로 정리해야 한다. 카테고리를 만들어 서랍장에 정리하듯 넣어두는 방법이다. 폴더를 만들 수도 있고 색으로 구분할 수도 있다. 무엇이든 본인이 다시 찾아들어가기 쉬운 방법으로 정리해두면 된다. 그리고 할 수 있다면 각 카테고리에 자신만의 개성을 담은, 혹은 의미를 담은 타이틀을 만들어 붙여놓는 것이 좋다.

그렇게 쌓아둔 후 한 달, 혹은 두 달에 한 번 정도 다시 들어가보는 것이다. 내가 정리한 것이지만 오랜만에 다시 들여다보면 새로운 시각으로 보이게 되고, 그 안에서 또 다른 생각이 새롭게 생기게 된다. 이런 과정을 거치다보면 앞으로 관찰을 어떻게 해야 할지, 관찰 대상이 무엇이어야 할지 눈에 들어오기 시작한다.

여기까지 오면 관찰의 선순환 사이클이 만들어지고, 당신만의 독특한 '시선' 혹은 '시각'이 만들어질 것이다. 작은 것이 쌓여 청제국을 만들고 다시 그 거대해진 몸집을 작은 것이 유지시킨 것처럼, 새로운 세상은 작은 것이 쌓여 만들어지고 다시 그것으로 운영된다.

자, 이제 관찰이 어떻게 결과물로 만들어지는지 사람들의 얘기를 들어보자.

9장
일상을
재발견하라

아이디어가 막히면
'생활'을 하라

오늘날 대중에게 가장 주목받는 미디어는 무엇일까? 영상과 설치, 퍼포먼스와 인쇄 모두를 아우르는 광고가 아닐까 싶다. 광고는 어떤 형식도 소화해낼 수 있는 표현력을 확보한 미디어다. 그 때문일까? 개성과 창의력을 중요하게 여기는 젊은이들이 가장 선망하는 직업군 가운데 하나가 바로 광고계다.

크리에이티브 디렉터 박웅현은 광고업계에서 일하고자 하는 많은 사람들에게 빈번하게 다운로드되는 인터뷰이다. 〈피플 인사이드〉에서 처음 만난 박웅현은 광고계의 소문난 쟁이

답게 첫인상은 꽤 까다로워 보였고, 패션에 퍽 신경을 쓰는 듯했다. "처음 봤을 때의 이미지도 중요하거든요. 광고주가 보기에 외모부터 별로 '크리에이티브'하지 않으면 '쟤가 뭘 할 수 있을까?'라고 생각할 수도 있으니까요." 그의 말처럼 박웅현은 세련된 느낌의 회색 중절모에 셔츠 그리고 스카프, 귀걸이 같은 것들로 자신을 연출하고 있었다.

나는 '크리에이티브'라는 수식어가 붙는 직업의 누군가를 만나면, 사금에서 금을 골라내듯 대화를 파고들어 무언가 찾아내려 한다. 그들의 창의력과 아이디어가 어디서 오는지 알고 싶기 때문이다. 집요하게 파고든 내게 박웅현은 이렇게 말했다.

"파리가 아름다운 것은 여행 중이니까, 사흘밖에 보지 못하기 때문에 아름다움이 더 크다는 겁니다. 만약 내가 거기서 30년을 산다면 개선문이 늘 그렇게 감동을 주겠느냐는 거죠. 마찬가지로 일상에서 견문을 넓히고 감동을 받기 위해서는 안테나를 세우고 살아야 하는데 그러려면 '이 삶이 여행지다'라고 생각하는 겁니다. 그 순간 안테나가 자연히 높이 올라가는 거죠."

크리티컬 매스

어른이 된다는 것은 더 이상 묻지 않는다는 것, 더 이상 신기한 것이 없다는 것, 어제 뜬 태양이 오늘도 뜬다는 것, 그걸 의심하는 사람은 바보라는 거죠. 질문을 하면 웃음거리가 되겠지만, 과학을 만들고 오늘처럼 로켓을 하늘에 띄우고 한 사람들은 모두 그런 바보들입니다. −이어령

발터 벤야민이 인용한 바르텔레미의 '거리를 서재로 바꾼다'는 것과 박웅현의 '일상을 여행하는 것처럼 산다'는 것은 일맥상통하는 말이다. 무심히 지나쳐온 거리, 지루하기 짝이 없던 일상이 내 서재고 내 발상의 창고일 수 있다. 박웅현은 한 대학 특강에서 이렇게 말했다.

"아이디어는 일상 속의 발견이다. '발명'이 아니라 '발견'이다. … 아이디어는 내 책상 위에서 몇 년 전 감동 깊게 봤던 그림, 며칠 전 나를 괴롭혔던 소음에서도 찾을 수 있다."

박웅현이 만든 광고 중에 우리의 기억에 남아 있는 "사람을 향합니다"라는 카피를 떠올려보자. 이 카피의 탄생은 박웅현이 일상의 관찰을 자신의 작업에 어떻게 사용하는지를 잘 보여준다.

"그 광고를 만들기 서너 해 전의 경험에서 나온 겁니다. 길거리에서 전혀 모르는 애가 넘어질 뻔했는데 나도 모르게 손을 내밀었어요. 그리고 제가 놀랐거든요. '내가 왜 저 아이를 잡아주려고 했을까?' 그때 생각했던 게 '나는 왜 넘어지는 아

이를 일으켜 세우려고 하는가'였습니다. 그게 제 머릿속에 남아 있다가 몇 년 후 광고를 만들 때 모티프가 되었습니다."

그는 덧붙였다. 광고의 아이디어는 일상이 아니면 얻을 데가 없다고. 유능한 광고인이 되려면 일상의 경험치가 두터워야 한다고. 그래서 광고쟁이인 그는 "아이디어가 막히면 무얼 하나요?"라는 내 질문에 "아이디어가 막히면 '생활'을 합니다"라고 답했다. 생활하란다. 누구는 지루하다 불평하는 일상이 누구에게는 발견의 보고인 것이다.

박웅현의 이야기는 일상의 재발견, 특별한 관찰 습관으로 요약된다. 작은 것에 대한 세심함이 모여 나름대로 그들만의 무엇을 만들어내고 있음을 확인할 수 있다. 그런데 여기서 궁금하다. 일상에서 재발견이란 것을 해보려 하지만, 그리고 관찰을 해보려 하지만 거기서 무언가를 '끄집어내는 것', 그 작업은 대체 어떻게 이루어지는 걸까?

> '정말로 독창적이고, 정말로 영화가 가진 가능성을 만들어내는 그런 작품들이 인류 역사에서 나온 것인가?'라는 질문을 던졌을 때, '아직은 아니다. 그렇기 때문에 내게도 희망이 있고, 그렇기 때문에 영화를 만들어야 된다.' 이런 생각을 하고 있죠. −영화감독 이광모

다르게 보면
새롭게 만들 수 있다
'새롭게 보기' 즉 '관점 달리 하기' 이게 전문가들의 답이었다. 그것이 무엇이든 다양한 관점에서 시각을 달리해 바라보는 태도를 습관화하는 것이다. 광고쟁이 박서원은 그 과정을 이렇게 설명했다.

"여기 컵이 있어요. 컵은 내게는 물을 담는 그릇이고 물에게는 집이죠. 주먹 쓰는 사람들에게는 흉기가 될 수도 있고요."

또 다른 광고쟁이 이제석은 관점을 달리하는 것에 대해 이렇게 말했다.

"중요한 것은 다른 지식을 가지는 게 아니라 남들과 다른 관점을 가지는 것 같아요. 사물을 보는 관점이 '아! 이건 이럴 수도 있고, 저건 저럴 수도 있구나' 같은 거죠. 예를 들어 다들 의사가 대단하다고 하지만 달리 생각해보면 매일 찡그린 얼굴에 몸을 고치는 수리공일 수 있잖아요. 엔지니어랑 다를 게 뭐 있느냐는 관점의 차이에서 생각이 자유로워지는 겁니다. 차를 보면 그냥 쇳덩어리일 뿐이지만 다르게 보면 움직이는 이동 수단이고 어떻게 보면 타는 사람의 인격이죠. 이렇게 사고의 폭을 넓힌 다음 자동차 광고를 맡는다면 '그건 단지 쇳덩어

9장 일상을 재발견하라

리가 아니라 당신의 인격입니다'라는 카피를 얻을 수 있는 거죠. 그러면 그 가치가 달라집니다. '오늘의 술 한 잔이 그냥 알코올이 아니라 당신과 나의 추억입니다' 혹은 '기차역이 만남의 장소일 수 있지만 이별의 장소일 수도 있습니다' 이런 관점의 차이를 갖는 것이 중요해요."

이렇게 말하는 그가 만든 공익광고 한 편이 눈길을 끈다. 물난리가 나서 강물에 떠내려가는 소 한 마리가 보인다. '음메'라는 소 울음소리가 들린다. 그런데 울음소리가 점점 변하는가 싶더니 어느새 '엄마'로 바뀌어 들린다. 그리고 글귀 하나가 나타난다.

"물난리에 잃어버린 건 가축이 아니라 정성스레 키워온 자식이었습니다."

수해를 입은 이들에게 구호의 손길을 요청하는 공익광고의 카피다. '음메'가 '엄마'가 되게 만드는 힘, 이것이 관점의 변환이다. 다르게 보면 새롭게 만들 수 있는 것이다.

운동을 처음 배우는 사람이 공 하나를 제대로 받아내지 못할 때, 그 이유는 십중팔구 몸에 힘이 잔뜩 들어가서다. 운동을 배울 때 처음 익혀야 할 것이 몸에 힘 빼기이듯, '새롭게 보기'나 '탐색' 또한 몸에 힘을 빼고 시작해야 한다.

어깨에 힘을 빼고
기억하고 감동하라

이제까지 일상의 재발견을 관찰로, 관찰에서 새롭게 보기 그러니까 탐색의 과정으로 이끌어가는 경로가 어떠한지 예를 통해 들여다보았다. 그런데, 여기서 중요한 한 가지를 독자들에게 덧붙여야겠다. 왜? 여기까지 설명하면 분명, 독자들의 몸에 힘이 잔뜩 들어갔을 터이기 때문이다.

운동을 처음 배우는 사람이 공 하나를 제대로 받아내지 못할 때, 그 이유는 십중팔구 몸에 힘이 잔뜩 들어가서다. 운동을 배울 때 처음 익혀야 할 것이 몸에 힘 빼기이듯, '새롭게 보기'나 '탐색' 또한 몸에 힘을 빼고 시작해야 한다.

'일상에서 새로 발견하라고?'가 머리에 입력되는 순간, 창의력이란 것이 발휘될 공간은 애저녁에 날아가버린다. '새로움'이 강박이 되는 순간, 이전보다 더 여유 없이 뻣뻣해져 새로운 시각이 샘솟을 여지가 아예 사라질 수도 있는 것이다.

감동받는 것도
능력이다

광고쟁이 박웅현은 인터뷰 도중 인터뷰어인 내 부탁에 때아닌 시를 읊었다.

저것은 벽 / 어쩔 수 없는 벽이라고 우리가 느낄 때 / 그때 / 담쟁이는 말없이 그 벽을 오른다 / 물 한방울 없고 씨앗 한톨 살아남을 수 없는 / 저것은 절망의 벽이라고 말할 때 / 담쟁이는 서두르지 않고 앞으로 나아간다 / 한 뼘이라도 꼭 여럿이 함께 손을 잡고 올라간다 / 푸르게 절망을 다 덮을 때까지 / 바로 그 절망을 잡고 놓지 않는다 / 저것은 넘을 수 없는 벽이라고 고개를 떨구고 있을 때 / 담쟁이잎 하나는 담쟁이잎 수천 개를 이끌고 / 결국 그 벽을 넘는 다.(도종환, 〈담쟁이〉)

이 시를 읽다가 혹시 가슴에 쿵! 소리가 난 지점이 있는가? 아니면 어느 한 줄에서 시선이 갑자기 멈추었는가? 박웅현은 시를 읽다가 가슴이 쿵! 할 수 있는 사람, (그의 표현을 그대로 빌리면) 무릎에 탁! 하고 힘이 빠지는 사람과 함께 일하고 싶다고 했다. 풀어 설명하자면 이런 것이다. 남들은 그저 넘길 수 있는 것에도 감동하는, 심장이 반응하는 사람과 함께 일하고 싶다는 말이다. 왜? 그런 사람이 무언가 다른 것을 발견해내기 때문이다. 그는 이렇게 조언한다.

그들은 똑같은 지구인이지만 우리와 다른 점은 관찰의 습관, 그 작은 관찰들을 모으고 모아서 거대한 탑으로 만드는 과정을 끈질기고 꾸준하게 참아냈다는 것이다.

"기억하는 가장 좋은 방법은 감동하는 거예요. 감동받으려 자꾸 노력하고 자꾸 기억하려 하고. 그러다 보면 그게 어느새 나오는 거죠. 무언가로 만들어져서. 저도 담쟁이 넝쿨을 수도 없이 봐왔는데 이런 생각은 못 해봤거든요. 시인이 일상을 잡아내는 힘이 큰 것 같아요. 그래서 시를 많이 읽어요."

무언가 특별한 것을 만들어내는, 무언가 특별한 생각을 했던 사람들은 지금까지 우리가 만나본 이들처럼 과거와 현재, 시간과 공간을 초월해서 같은 것을 말해주고 있다. 전혀 새롭지 않고 그다지 대단한 방법이 아니어서 오히려 싱거울 정도다. 하늘 아래 새로운 것은 없다. 그들은 똑같은 지구인이지만 우리와 다른 점은 관찰의 습관, 그 작은 관찰들을 모으고 모아서 거대한 탑으로 만드는 과정을 끈질기고 꾸준하게 참아냈다는 것이다. 끊임없는 노력과 관찰, 재시도, 훈련 이런 것들의 크리티컬 매스가 쌓이고 쌓여 특별한 성취가 이루어진 것이다.

혹자는 단언한다. 천재는 없다고. 모두 악착같이, 지독하게 노력해서 혹은 쌓고 또 쌓아서 탑을 만들었노라고.

그들은 거저 되는 일은 없다고 이야기한다. 모두 기본에 충실하라고 말한다. 그 기본이 기초 체력이고, 환경이 어떻게 변하든 나를 먹여 살린다고.

정도가
가장 빠른 길이다
다시 광고쟁이들의 말로 돌아가보자. 박웅현은 부박한 스펙의 시대를 꼬집으며 이렇게 말했다.

"광고 얘기를 할 때 광고 이론들이 꽤 많이 있어요. 그러나 그런 것들은 사실 1~2년이면 전수가 끝나는 거고요. 뭐가 중요하냐면 생각의 깊이, 얼마나 많이 감동받을 수 있는지, 어떤 삶을 살아왔는지, 이런 것들은 채워지지가 않거든요. 단 1~2년 만에. 그래서 스펙이란 것이 무의미한데 모두 거기에 머리를 박아두고 쓸데없이 고생을 한단 말이죠."

이제석 또한 이제 막 20대를 벗어난 사람으로서 20대에 대해 이런 걱정을 한다.

"제가 아는 친구나 동료들은 화려한 겉만 좇지 속은 텅 빈 삶을 살고 있어요. 실력을 갖추기보다 스펙을 쌓아야 한다며 젊음을 바칩니다. 그러나 **인문학이 기본이다. 인류 수천 년 역사를 되돌아보면 정말 기막히게도 사람들은 똑같은 역사를 반복해왔다. 그들의 궤적을 조금만 살펴보면 내 삶을 살아가는 데 아주 중요할 수 있는 어떤 해결책을 찾을 길이 보일 것이다.** 위인들은 과연 얼마나 대단한 스펙을 가졌을까요? 세계적인 아티스트로 손꼽히는 백남준이 어떤 스펙을 갖고 있었는지,

헬렌 켈러 여사가 어떤 스펙을 갖고 있었는지 모릅니다. … 저는 광고를 잘 만드는 비법이 무엇이냐고 묻는다면 '기본에 충실해야 한다'고 말하는 데 주저하지 않습니다. 훌륭한 가수가 되려면 노래를 잘해야 하고, 좋은 연필은 잘 써져야 하고, 차는 잘 굴러가야 합니다. 하지만 대부분 좋은 머리로 잔재주를 부리기에 바쁩니다. 저는 기본이 정도고 가장 빠른 길이라고 생각합니다. 세상에서 기본이 제일 쉽지만 또 제일 어렵기도 합니다."

성공담은 결국 사람에 관한 이야기다

광고쟁이 박웅현은 대화를 마무리하면서 자신이 강조하는 기본은 '인문학'이라고 짧게 대답했다.

물론 안다. 인문학에 대한 강조도 이제 너무 많이 들어서 트렌드처럼 들리는 것을. 그래서 인터뷰어가 직업인 나는 인문학이란 것을 다시 풀어 설명하려 한다.

사전적 의미를 살펴보면 인문학이란 인간과 인간의 문화에 대해 관심을 갖는 학문 분야다. 과학적인 연구 방법으로 인간의 가치와 인간만이 지닌 표현 능력을 올바르게 이해하는 데 관심을 갖는 학문인 것이다. 인문과학이란 개념은 원래 라틴어 '후마니타스(humanitas, 인간다움)'에서 유래되었다. 종합하면 결국 '사람에 대한 학문'인 셈이다.

인문학은 인류가 만들어낸 역사·철학·문학에 관한 것이지만 거창하게 문학이니 철학이니, 아니면 듣기만 해도 국사 시험과 세계사 시험이 떠오르는 역사니 하는 것들을 들먹이지 않는다 해도, 그저 나와 같은 사람에 관련된 학문이라고 간단히 말할 수 있는 것이다.

위키피디아를 보면 누군가는 인문학을 두고 "인간의 조건에 관해 탐구하는 학문"이라 했다. "분석적이고 비판적이며 사변적인 방법을 폭넓게 사용한다"는 것이다. 이 또한 의미를 되새겨보면 위의 설명과 크게 다르지 않다.

이런 인문학이 그 정체성을 확보한 것은 그리 오래된 일이 아니다. 19세기에 이르러 인문학은 신의 영역과 구분 짓기보다는 오히려 자연과학과 구분 짓기 시작했다. 하지만 오늘날에 와서는 각 나라마다 학문 분야를 나누는 기준도 조금씩 달라졌다.

인문학이 기본이라 말하는 이유는 내가 이 책의 서문에서도 이야기했듯이 인류 수천 년 역사를 되돌아보면 정말 기막히게도 사람들은 똑같은 역사를 반복해왔다. 따라서 그들의 궤적을 조금만 살펴보면 내 삶을 살아가는 데 아주 중요할 수 있는 어떤 해결책을 찾을 길이 보이기 때문이다.

내가 인터뷰했던 사람들의 이야기 자체가 사람에 관련된 이야기다. 이는 사람에 관련된 학문, 곧 인문학과 같은 것이다. 그래서 나는 무언가 이루어낸 사람들의 이야기를 짚어보고 또 짚어보며 날실과 씨줄을 엮어 독자들에게 보여줄 이 책을 직조하고 있는 것이다. 그들의 이야기를 통해, 그들이 걸어온 길을 들여다보며 당신의 길을 찾아보라는 것이다. 당신만의 방법을 찾을 수 있을 것이다. 자, 그럼 다음 길을 떠나보자.

님 에게

최근에 언제 감동의 눈물을 흘려보셨나요? 마음이 정화되는, 더 바란다면 영혼까지 정화되는 듯한 감동. 언제 당신의 오감에 감전된 듯한 반응이 있었나요? 언제 아름다운 음악을 들으며 눈을 지그시 감아보았나요? 언제 책을 읽으며 밑줄을 긋고 잠시 책을 가슴에 안은 채 내 마음과 대화해보셨나요? 언제 시 한줄을 읽고 심장의 두근거림을 느꼈나요?

듣고,

보고,

읽고,

느껴봐요.

고등학교 시절 〈낙화〉란 시를 읽다 "가야할 때가 언제인가를 분명히 알고 가는 이의 뒷모습은 얼마나 아름다운가" 이 구절이 가슴으로 읽혔죠. 그런데 그때는 그 구절이 이렇게 오랫동안, 지금까지도 가끔씩 떠오를 줄은 몰랐어요. 여러 상황에서 나만의 해석으로 자주 출몰하곤 하죠. 내 마음에, 내 생각에.

물론 시 한 구절이 내 결정에 어떤 영향을 미치는 건 아니지만 직장에서 진퇴를 결정할 때도, 사람들과의 관계에서도 가끔 마음속으로 혼자 읊조리곤 하게 된 거죠. 음악은 때로는 내게 힘을 주고, 때로는 안정제가 때로는 수면제가 되어주는가 하면 모닝콜이 되어주기도 하죠. 그림은 내가 처해 있는 상황에서 잠시 내 마음을 탈출시켜주죠.

가끔은 당신의 마음을 시와 음악과 그림과 글에 얹어서 멀리 멀리 날아가게 해주세요. 그리고 하늘을 올려다봐요. 보이지 않는 별이 보일 때까지.

이제 눈을 감아요.

그리고 다시 눈을 뜰 때 세상이 다르게 보인다면 그때 도시의 산책자로 나서는 거예요. 세상이 다르게 보이나요? 이제 그것을 당신의 눈에 담고 마음에 담고, 그리고 나서 넘쳐나는 그것을 적어보세요.

10장
뜨겁게
미쳐보았는가

목숨과 바꿀 수 있다.
사랑하니까!   어느 날 아침, 잠을 깨기도
전에 신문을 집어든 나는 한 면을 가득 채운 기사에서 눈을
뗄 수 없었다. "유방암 극복하고 돌아온 피아니스트 서혜경,
관객들 눈시울 붉어져"라는 기사였다. 기사를 읽어 내려가던
눈이 잠시 멈춘다.

"'항암 치료를 끝낸 지 3개월이 되었습니다. 제 생명을 살
리시고 피아노를 다시 칠 수 있게 해주신 노동영 박사님께 앙
코르로 쇼팽의 야상곡을 바칩니다.' … 피아니스트 서혜경 씨

가 네 번째의 커튼콜에서 떨리는 목소리로 말했다. 잠시 후 무대에도 객석에도 조명이 꺼졌다. 어둠 속에서 피아노를 마주한 서씨는 쇼팽의 야상곡 제20번을 연주하기 시작했다. 객석 곳곳에서 나지막하게 흐느끼는 소리가 들렸다."(《헤럴드경제》, 2008년 1월 24일자 기사에서)

그로부터 1년 반 정도가 지난 후, 그녀는 〈피플 인사이드〉에서 나와 마주 앉았다. 유방암을 이겨낸 지 얼마 되지 않아서였다. 그런데도 놀라울 만큼 건강해 보였고 의욕이 넘쳐 보였다. 그러나 그녀가 묘사하는 투병의 고통은 병을 이겨낸 지금에는 상상하기 어려운 것이었다.

"유방암은 피아니스트를 두 번 죽인다고 이야기하죠. 피아노는 오른손이 전체 연주의 5분의 4를 차지하는 곡들이 많아요. 그만큼 오른손이 굉장히 많이 사용되는 곡들이 대부분인데 제 암이 오른쪽에 생긴 거예요. 게다가 꽤 진행되어 있는 상태여서 겨드랑이의 림프샘을 다 긁어내버렸어요. 그런데 문제는 암세포를 무조건 긁어내고 나면 피아노를 칠 수 있는 근육까지 다 떨어져 나가버린다는 것이었죠. 수술을 못 하겠다, 그랬어요. 주치의가 묻더군요. '피아노와 삶 중에 어떤 것을 택하겠냐'고. 주저 없이 '피아노를 택하겠다'고 대답했어요."

다행히 주치의는 피아노 연주에 필요한 근육을 건드리지

않고 암세포를 제거하는 고난도의 미세수술을 집도했고, 수술은 성공적이었다. 수술 후 사흘 만에 바로 피아노 앞으로 달려간 그녀는 건반을 눌러보았다. 떨리는 순간이었다. 그런데 놀랍게도 40여 년 동안 만들어온 아름다운 음색이 거짓말처럼 살아 있었다. 그러나 그녀에게는 말로 표현하기 어려울 만큼 고통스러운 항암 치료가 아직 남아 있었다.

"인간이 받을 수 있는 최대한의 방사선 치료가 서른세 번이라고 해요. 그걸 다 받았어요. … 피부가 시커멓게 되고 짓무르고 사람이 아니라 고깃덩어리 같았어요. 내가 산다고 정상으로 돌아올 수 있을까 상상이 되지 않았어요."

그러나 그녀는 언제 투병 생활을 했나 싶을 정도로 말끔한 모습으로 무대에 다시 섰고 그날의 연주회에서 쇼팽의 〈야상곡〉과 슈만의 〈트로이메라이〉를 앙코르 곡으로 연주하며 관객을 흐느끼게 했다.

"한국이 낳은 천재 피아니스트"라는 호칭을 평생 달고 다녔던 그녀는 인터뷰 중에 아주 밝게 웃으며 자신을 바람둥이라고 소개했다.

"나는 바람둥이예요. 제게 작곡가 중에 누가 제일 좋으냐고 물어보면 그렇게 말할 수밖에 없어요. 베토벤의 곡을 연주할 때는 베토벤이 세상의 전부고, 모차르트 곡을 연주할 때는 모차르트가 세상에서 제일 좋고, 슈베르트 연주할 때는 슈베르트, 슈만 연주할 때는 슈만이….”

대한민국이 세계적인 피아니스트 서혜경을 가질 수 있었던 이유는, 그녀의 연주에 관객이 눈물지을 수 있는 이유는, 그녀가 미친 듯 피아노와 사랑에 빠졌기 때문이다. 삶과 죽음의 경계선에서 감히 삶과 맞바꾸겠노라고 했을 정도로.

어린 시절 피아노에 재능이 있다고 했을 때 제 자신은 잘 몰랐어요. 왜냐하면 제가 다른 어린이가 돼본 적이 없었으니까요. 원래 그런 거겠지 생각했는데, 점점 그런 게 아니라는 것을 알게 되고, 점점 피아노를 열심히 하고, 이렇게 사랑받는 피아니스트가 된 거죠. 그냥 좋아하는 것을 좋아했어요. 정말 사랑했더니 피아노가 제 옆에 왔어요. ─피아니스트 유키 구라모토

사랑이 희망이고 부족함이 기회다

봉준호 감독을 인터뷰할 때였다. 인터뷰를 마무리하면서 그냥 끝내기 섭섭해 질문을 하나 더 던졌다. “어떤 여배우와 영화를 만들고 싶은가요?” 그는 의외로 눈을 반짝이더니 “김혜자 선생님요. 아주 옛날부터 김혜자 선생님이랑 영화를 찍고 싶었어요”라고 했다.

‘그래요?’ 내 안에서 내가 좋아하는 이 두 사람을 연결해주어야겠다는 사명감이 마구 용솟음쳤다. 나는 바로 전화기

크리티컬 매스

를 들었다.

"선생님, 저예요. 있잖아요. 오늘 봉준호 감독 인터뷰를 했는데 봉 감독이 선생님이랑 꼭 영화를 찍고 싶다고 하는데요?"

평소 말이 다소 느린 배우 김혜자, 의외로 말하는 속도가 빨라진다.

"즈응말? 아이 좋아라. 나두 봉 감독처럼 젊은 감독이랑 작품하고 싶어. 전화번호 줘도 돼요. 연락하라고 그래."

김혜자는 아이처럼 신이 난 듯했다. 뜻밖이다 싶을 정도로 좋아했다. 그녀는 영화를 사랑한다. 그래서 들뜨고 신이 난 것이다. 그렇게 많은 작품을 하고도 또, 끝없이 작품을 열망하고 연기를 열망한다. 그렇게 해서 감독 봉준호와 배우 김혜자는 만나게 되었고, 영화 〈마더〉가 탄생했다. 평소 소녀 같던 배우 김혜자가 섬뜩한 눈빛이 빛나는 '마더'가 된 것이다.

그녀는 인터뷰 중 자신이 생각하는 '사랑'을 이렇게 표현했다.

"사람한테 사랑은 희망이에요. 사랑이 없으면 사람은 못 살 거예요. 나는 부족하다고 느껴왔기 때문에 여태까지 연기를 했던 것 같아요. 자족했다면 아마 지루해서 다른 길을 찾았을지도 모르죠. 그런데 항상 부족하고 '더 할 일이 많이 남아 있다, 그런데 못 찾았다' 그랬기 때문에 지금도 연기를 열심히 해요."

평생 연기를 사랑한 그녀, 그래서 평생 사랑받는 배우인 그녀. 칠순을 넘겨도 감성 덩어리인 배우, 바람만 스쳐도 아파할 것 같은 배우, 그런 황홀한 여배우가 있어서 행복하다. 안데르센은 이런 말을 했다

"내가 살아온 삶이야말로 내 작품 최고의 주석이 되리라."

이 말을 배우 김혜자에게 돌리고 싶다.

미칠 만큼 사랑하면
미칠 만큼 행복하다

인터뷰를 하던 내가 웃음을 터뜨렸다. 사실 웃어서는 안 될 포인트였는지도 모른다. "많은 사람들이 '신들린 듯한 무대'라고 하지 않아요?"라는 내 질문에 그녀가 이렇게 답하자 나도 모르게 웃음이 터졌다.

"그런가 봐요. 남들이 보기에. 하루는 공연이 끝났는데 시커면 옷을 입은 분들이 '잠깐 함께 가시죠' 하는 거예요. 마약 검사반이었어요. 제정신으로는 도저히 저런 무대를 할 수 없다고 생각한 사람들이 마약 검사를 하러 온 거죠."

그녀는 뛴다. 아니 펄펄 난다. 뛰기만 해도 숨이 찰 듯하건만 노래까지 부른다. 아니 소리를 뿜어낸다. '저렇게 뛰는데

바닥이 콘크리트야, 아니면 나무야?' 맨발의 디바 이은미의 공연 현장을 바라보며 나는 뜬금없이 그런 생각을 했다. 무엇이 그녀를 그렇게 펄펄 날게 하는 것인가. 그녀는 이렇게 대답했다.

"유체이탈이 되는 느낌이에요. 공중부양이라고나 할까요?"

그녀의 고개가 옆으로 15도쯤 기운다. 무언가 생각하며 말할 때면 그녀의 고개는 옆으로 기울어진다.

"유체이탈? 그게 어떤 느낌이죠?"

그녀가 바로 받아 말한다.

프로페셔널이란 말로는 다 설명이 안 되는 쟁이 정신. 그 무엇이 있는 사람들만이 그 무엇을 이루는 것이다. '그만큼 사랑해보았는가?'라고 묻는다면 당신의 대답은 무엇일까?

"노래를 하다가 어느 순간 내가 원하는 바로 그 선을 뛰어넘을 때가 있어요. 그럴 때는 마치 공기가 한꺼번에 빠져나간다고 할까? 진공 상태 같은 느낌! 한순간 내 몸을 흐르는 피가 빠져버리는 기분 같은 것…, 지금까지 몇 번이나 느꼈을까. 그게 너무 좋아서 계속 무대에 서나 봐요."

기울었던 그녀의 고개가 제자리를 찾으며, 한 차례 나를 바라보더니 다시 말을 잇는다. 유쾌하던 그녀가 어느 순간 진지해진다.

"음, 저는 음악에 관해서 진지해요. 그런데 더 진지해져야 한다고 생각해요. 미치게 음악이 좋았고 정말 죽을 만큼 노래하는 게 행복했기 때문에 그렇게 음악을 할 수 있는….”

쟁이 정신은 그저 사랑하는 것이 아니다. 미친 듯이 사랑하기 때문에 몸을 불사르듯 그 일에 집중하고 달려들지만, 쟁이이기 때문에 스스로에게는 잔인하다 싶을 정도로 철저하고 냉혹하다.

여기서, 그녀는 말을 멈춘다. 마음에 무언가가 또 차오르는 중이다.

“어떻게 표현해야 할지 잘 모르겠는데…, 아무튼 정말 미치도록 좋아요.”

‘어떻게 표현해야 할지 모를 만큼’ 가슴에 꽉 찬 열정. 안다. 굳이 표현하지 않아도 미치도록 좋다는 그 마음을. 그래서 할 수 있는 것이다. 그래서 ‘쟁이’인 것이다. 프로페셔널이란 말보다 더 와닿는 말, 쟁이. 그녀는 쟁이다.

이은미가 말한 ‘어떻게 표현할지 모를 만큼’ 가슴에 꽉 찬 열정, 미치도록 좋은 사랑의 대상이 ‘일’일 때 무언가 이루어지는 것이다. 프로페셔널이란 말로는 다 설명이 안 되는 쟁이 정신. 그 무엇이 있는 사람들만이 그 무엇을 이루는 것이다. ‘그만큼 사랑해보았는가?’라고 묻는다면 당신의 대답은 무엇일까?

쟁이 정신은 그저 사랑하는 것이 아니다. 미친 듯이 사랑하기 때문에 몸을 불사르듯 그 일에 집중하고 달려들지만, 쟁이기 때문에 스스로에게는 잔인하다 싶을 정도로 철저하고 냉혹하다. 자신의 빈틈을 허용하지 못하는 것이다. 왜? 쟁이니까. 쟁이의 작품은 완전해야 하니까.

세상에 공짜는 없다, 죽을 만큼 노력하라

나는 멀미를 자주 한다. 다른 멀미가 아니라 '활자 멀미'다. 활자를 너무 많이 읽거나 모니터를 통해 보다 보면, 10시간 이상 집중을 하고 난 후엔 반드시 지독한 멀미가 온다. 10시간 넘게 멀쩡히 일하다가 한순간에 멀미가 나를 공격하듯 덮쳐온다. 이때 눈은 더 이상 읽기를 거부하고 뇌는 더 이상 활동을 거부한다.

토론 방송이든 인터뷰 방송이든, 방송을 앞두면 읽어야 할 자료는 보통 A4 용지로 수백 장을 헤아린다. 완벽주의와는 다른 이야기다. 누가 보든 보지 않든, 알아주든 알아주지 않든, 인정하든 인정하지 않든, 내 일에 대해 책임을 다하는 것이다. 시간에 마모되어, 혹은 자만이 좀먹어 나태해진다면, 그 순간 쟁이의 정신은 사라진다. 노력하는 이유는 쟁이의 정신을 놓지 않기 위함이다. '무슨 일을 몇 년 했다' 할 때 연차는 숫자일 뿐이다. 물론 연차에 따라 대단한 공력이 생기기는 하겠지만 연차만 믿고 정체되어 있다가는 정녕 그 연차는 숫자에 불과해진다. 끝없는 노력과 채움만이 연차를 경력과 능력으로 유지하게 해준다.

미국 방송계의 살아 있는 전설 바버라 월터스는 이제 팔순을 넘겼다. 팔순을 넘긴 그녀는 아직도 〈The View〉라는 프로그램을 진행한다. 얼마 전 인공심장판막 삽입수술까지 한 그녀는 아직도 방송 현장에서 활동하는, 말 그대로 살아 있는 전설이다. 그녀가 바로 쟁이다. 그래서 시청자는 그녀를 사랑할 수밖에 없다.

영화배우 몇 명과 저녁 식사 자리에 모인 적이 있다. 그 자리에는 〈피플 인사이드〉에 이미 출연했던 영화배우 안성기와 박중훈이 있었고, 출연을 약속한 설경구와 주진모 등이 있었다. 새로 찍을 영화 촬영을 위해 열심히 몸을 만들고 있다는 설경구가 요즘엔 체격보다 물 공포증을 이기기 위해 훈련하고 있다며 입을 열었다. 의외다. 거침없을 듯한 그가 물이 무섭단다. "해운대도 찍으셨잖아요?"라고 묻자 그가 대답했다.

누가 보든 보지 않든, 알아주든 알아주지 않든, 인정하든 인정하지 않든, 내 일에 대해 책임을 다하는 것이다. 시간에 마모되어, 혹은 자만이 좀먹어 나태해진다면, 그 순간 쟁이의 정신은 사라진다. 노력하는 이유는 쟁이의 정신을 놓지 않기 위함이다.

"찍었죠, 물에서. 하하. 실미도 찍을 때 죽을 뻔한 순간이 있었죠. 그다음부터 정말 물에 공포가 있어요. 이제 곧 재난 영화에서 소방수로도 찍을 건데 그게 장난이 아니에요."

그가 죽을 뻔했던 상황을 이야기하자 그 자리에 있던 모든 배우들이 촬영 현장에서 죽을 뻔한 이야기들을 쏟아내기 시작했다. 박중훈이 특유의 화법으로 입을 열었다.

그의 말에 배우 안성기가 열차를 타다 뛰어내렸을 때의 에피소드를 풀어내기 시작했다. 배우들의 '죽을 뻔한' 이야기는 끝이 없었다. 박중훈은 특수효과 장비가 별 볼 일 없던 1990년대, 공수부대 출신 스태프들이 진짜 다이너마이트를 터뜨리며 촬영하던 현장에서 죽을 뻔했다고 말했다. 장동건, 주진모에게도 촬영하다 죽을 뻔한 순간이 있었단다.

끝없이 이어지는 이야기 끝에 "배우라는 직업이 그렇게 힘든 직업인지 몰랐네요" 하는 말이 내 입에서 튀어나온 것은 완전한 실수였다. 말이 떨어지자마자 힐난성 성토가 내게 집중되었다.

"배우가 힘들지 않은 직업이라고 누가 생각하죠?"

아마도 대중은 배우라는 직업은 그다지 힘들지 않다고 여기지 않을까? 배우들이 아무리 원망한다 해도 그럴 수 있다. 왜냐하면 대중이 보아온 그들은 영화 촬영이 끝난 후의 시사회나 레드카펫 위의 말쑥하고 멋진 모습뿐이니까. 배우들은 언제나 화려함, 부유함, 호화로움 따위와 함께하니까. 물론 모든 배우가 그렇지는 않겠지만, 흔히 배우 하면 떠오르는 톱

스타들의 이미지는 대개 그럴 것이다. 그런데 톱스타라는 그들이 전하는 현장의 상황을 들으며 나는 다시 한번 확인했다. 내가 이미 알고 있었듯이 그들도 예외가 아니라는 것을.

우리가 기억해야 할 진실은 화려한 동화 속 세상 사람 같은 그들 가운데도 거저 성공을 거머쥔 경우는 드물다는 것이다.

그렇다. 한 분야에서 무엇이든 일가를 이룬 사람들에게는 인정할 수밖에 없는 그 무엇이 있다. 수많은 직업 세계에서 일하는 사람들과 인터뷰할 때마다 역시 '세상에 거저 되는 것은, 거저 이루어지는 것은 하나도 없구나' 하는 사실을 새삼 깨닫게 된다. 이 사실을 잠시 잊었다가도 방금 말한 배우들과의 만남에서처럼 곧 다시 떠올리며 확인하게 된다. 그래서 확신을 가지고 당신에게 말할 수 있다.

날 때부터 은수저를 물고 태어난 사람이 있을지 모른다. 그러나 우리가 기억해야 할 진실은 화려한 동화 속 세상 사람 같은 그들 가운데도 거저 성공을 거머쥔 경우는 드물다는 것이다. 그들 또한 쟁이 정신으로 무장된 사람들이었기 때문에, 배우라는 직업이 정말로 좋은 사람들이었기 때문에 '죽을 뻔했던 위기'를 겪고도 다시 두려움 없이 (두려움을 누르고) 그 자리, 배우의 자리로 돌아가는 것이다.

그것 하나를 위해
모든 것을 던지다
뉴욕 메트로폴리탄 오페라단의 소프라노 신영옥. 그녀를 인터뷰하던 날. 그녀가 나타나기 전 먼저 도착한 것은 '놀라운' 그녀의 소품들이었다. 먼저 도착한 스태프들이 그녀의 대기실을 가득 채워놓은 물품을 보며 나는 벌어진 입을 다물 수가 없었다. 소품의 대부분은 가습기, 공기청정기 등 목 관리를 위한 것이었다. 우리는 무대에서 울려 퍼지는 성악가들의 아름다운 아리아에 쉬이 빠져들지만, 생명줄 같은 목을 지키기 위해 그들이 얼마나 처절하게 노력하는지는 미처 알지 못한다. 인터뷰 중에도 신영옥은 그녀의 목소리를 지키기 위한 노력을 설명하는 데 많은 시간을 할애했다.

"하루만 노래를 부르지 않아도 내가 먼저 압니다. 내가 내야 할 완벽한 음이 나오지 않아요. 저는 지금도 보컬 트레이닝을 받아요. 최상의 소리를 지키기 위한 거죠. 제 방에는 아주 큰 거울이 있어요. 그 거울 앞에서 무대에서 신는 하이힐을 신고 매일 노래 연습을 합니다. 공연 무대, 호텔, 집. 이것이 제 삶의 공간 전부예요.

나도 친구들과 저녁을 먹고 싶지만 상상도 할 수 없는 일이죠. 사람을 만나면 말을 해야 하잖아요. 공기 나쁜 곳에 앉아 있어야 하고. 목에는 치명적인 일이에요. 노래할 때 외에는

가능하면 목을 쓰지 않아요. 제 방은 제가 습도와 청정도를
유지할 수 있지만 레스토랑은 그렇지 않잖아요. 그래서 아예
나가지 않습니다."

나도 한때 성악가를 꿈꿨던 적이 있다. 못 이룬 꿈이 아련한 법인지라 성악을 포기한 이후로 한동안 음악을 듣지도 않았던 시절이 있었다. 음악을 들으면 너무 슬퍼졌기 때문이다. 따져보니 그녀는 KBS어린이합창단 '선배'였다. 그녀와 인터뷰를 하면서 나는 '내가 못 가본 길'에 대한, 못 가본 길이기 때문에 늘 아쉬웠고 로망으로 남아 있는 성악가의 길에 대한 미련을 내려놓을 수 있었다. 나는 그들처럼 완벽한 목소리 하나를 지키기 위해 다른 모든 것을 포기하는 삶을 견디지 못했을 것이다. 그녀가 세계적인 성악가가 된 것은 노래를 향한 사랑이 그녀의 꿈을 이룰 만큼 뜨거웠기 때문이고, 나는 그런 사랑에 견줄 만한 사랑을 가지지 못했기 때문에 한때 가졌던 꿈을 이루지 못한 것이다. 내가 말하는 쟁이의 사랑은 그것 하나를 위해 다른 모든 것을 던질 만큼, 그래도 아깝다 하지 않을 만큼 달려들 수 있는 열정적인 사랑을 말한다.

우리는 무대에서 울려 퍼지는 성악가들의 아름다운 아리아에 쉬이 빠져들지만, 생명줄 같은 목을 지키기 위해 그들이 얼마나 처절하게 노력하는지는 미처 알지 못한다. 인터뷰 중에도 신영옥은 그녀의 목소리를 지키기 위한 노력을 설명하는 데 많은 시간을 할애했다.

나, 뜨겁게
사랑해보았는가?

사진작가 김중만은 아프리카에서 찍었던 동물에 관한 이야기를 풀어놓으며 내내 담담했다. 그러나 그의 담담함에 속으면 안 된다. 그가 말한 위험은 우리의 상상을 뛰어넘는 것일 수도 있다. 한번 상상해보라. 아프리카 벌판에서 사자와 마주하고 있을 때, 당신 심장에 어떤 반응이 올까? 나는 묻지 않을 수 없었다.

"유명한 일화가 있잖아요. 사자 사진을 찍을 때 5미터 앞까지 갔다는…."

> 쟁이의 사랑은 그것 하나를 위해 다른 모든 것을 던질 만큼, 그래도 아깝다 하지 않을 만큼 달려들 수 있는 열정적인 사랑을 말한다.

"5미터는 아니고요. 4미터, 보통 그 정도 거리면 차에서 내릴 수 없어요. 그런데 사정을 해서 내려갔죠. 처음에는 20미터였어요. 그런데 제 마음이 '아, 10미터 정도까지 갔으면' 하는 거예요. 그래서… 갔죠. 차 문만 열어둬라. 그러면 여차하면 뛰어간다 했던 거죠. 그래서 가다 보니 4미터 앞에서 찍게 되었어요. 멋있었죠. 대단했어요. 그런데 촬영을 끝내고 숙소에 돌아와서 동물의 습성에 관한 책을 읽는데, 사자가 사냥할 때 100미터를 4초에 달린다는 거예요. 그럼 10미터는 0.4초에 뛰는 거죠?"

"… 세상에, 그러면 몰라서 그 당시 겁 없이 찍을 수 있었던 건가요?"

"아니요. 그렇지는 않아요. 차에서 내려 땅에 발을 딛는 순간 전율을 느꼈어요. 엔도르핀이 상상을 초월해요. 땅에서 통하는 정기 같은 것을 느끼는 순간의 느낌이 정말 상상을 초월하죠. 그래서 야생동물 사진을 찍는 작가들이 왜 자기네들 목숨을 걸어가면서 찍는지를 저는 알아요. … 제가 정말 죽을 고비를 넘긴 것은 하마를 찍을 때였어요. 사실은 사자보다 하마가 더 무서워요. 상상을 초월할 정도로 빠르죠. 그런데 그 하마의 공격을 받은 적이 있어요. 순간 '아 초상을 치르는구나' 했죠. … 아프리카 야생동물 사진은 그렇게 찍은 거예요. 그렇게 찍은 사진들은 전문작가들은 보면 알아요. 그런 사진을 찍고 싶은 거죠. '아, 내가 사진 한 장을 위해서 죽을 수도 있다'는 생각 있잖아요? 나는 그 생각을 가져봤거든요."

사랑해보았는가? 그것 하나를 위해 다른 것을 내려놓을 만큼 꿈꾸며 사랑해보았는가? 무언가 이루고자 한다면 사랑해야 한다. 그들처럼. 쟁이인 그들처럼. 작가 황석영도 인터뷰 도중 이런 말을 했다. "작가에게 동어반복은 죽음과 같은 것"이라고. 이상하지 않은가? 쟁이인 그들의 표현엔 유별나리만치 죽음에 빗댄 비유가 자주 등장한다. 안다. 자기 고생만 커 보이거나 절실해 보이는 의식의 과잉에서 기인한 표현일 수도

있다. 그러나 표현에 인플레이션이 있다고 하더라도 그들에게
죽음을 호명할 수밖에 없을 만큼 절박한 무엇이 있음을, 절박
한 사랑과 열정으로 달려든 순간이 있었음을 기억하자. 그들
의 이야기를 곱씹으며 내 가슴에 뜨거운 질문을 던져보자. 대
답을 들어야 할 질문이다.

　'나, 뜨겁게 사랑해보았는가?'

,

님 에게

내 가슴에 손을 얹고 질문해봅니다. '나 뜨겁게 사랑해보았는가?' 내 가슴이 대답을 하네요. '응. 나 뜨겁게 사랑하고 있어. 난 내 삶을 뜨겁게 사랑해.'

물론, 한 십 년 전, 내게 이 질문을 했다면 대답은 달랐을 수도 있습니다. 부딪히고 쟁취하고 그러다 넘어지고 다시 일어나고, 열심히 삶을 살아내다보니 그렇게 살아낸, 지켜낸 삶이 더욱 소중해진 거죠. 그래서 이제 말합니다.
'나, 내 삶을 뜨겁게 사랑한다'고.

언젠가 친구 한 명이 대뜸 내게 이런 질문을 했어요.

"넌 실패를 어떻게 해석하니?"
"갑자기 무슨?" 그 친구는 사실 내 대답을 구하기 전에 자신의 대답을 하고 있었죠.
"난 실패도 내 자산이라고 생각해. 이제 이렇게 말할 수 있는 내가 좋아."

혹시, 이 말이 쉬운 것 같으세요? 쉽지 않은 말이죠. 알죠.

우리 모두. 그런데 정말 이 말이 내 진심이 될 때 진정 강해지기 시작하는 것이겠죠. 실패는 아프죠. 괴롭죠. 그래서 할 수 있다면 '이 잔을 내게서 거두소서'라고 기도하고 싶죠. 그러나 단언하건대, 모든 인생은 실패에서 자유로울 수 없습니다. 차라리 이렇게 기도해야겠죠. '능히 이겨낼 수 있게 하소서'라고.

실패도 자산이라고 자신 있게 말한 그 친구가 이런 말을 또 덧붙였어요.

"결국 우리가 살아내는 데 필요한 건 두 가지야."
"뭐야? 그 두 가지가?"
"실력과 맷집."

하하하. 우리 둘은 크게 웃었습니다. 왜 그렇게 웃음이 크게 터졌을까요?

11장
질투하고
분노하라

원하고, 질투하고, 얻어라

영화 〈아마데우스〉는 대중에게 모차르트와 살리에리에 관한 강한 인상을 남겼다. 영화를 본 사람들의 머릿속에 남아 있는 살리에리의 잔상은 꽤 강력하다.

"신이시여. 당신은 왜 모차르트에게만 천재성을 부여하시고 나 살리에리에게는 그토록 평범한 것만 주셨나이까?"

사실과는 전혀 상관없는 살리에리의 절규는 사실보다 더 사실적으로 흥미진진한 '모차르트 독살설'로 사람들의 관심을 끌고 간다. 즉 안토니오 살리에리가 자신의 재능이 모차르트만 못하다고 느껴 질투한 나머지 모차르트를 독살했다는 것이다. 낭설에 가까운 이 이야기는 푸시킨의 희곡 〈모차르트와 살리에리〉, 림스키코르사코프의 오페라 〈모차르트와 살리에리〉에 의해서, 그리고 결정적으로는 피터 셰이퍼의 희곡 〈아마데우스〉와 이를 바탕으로 만들어진 밀로스 포먼 감독의 동명 영화에 의해 대중에게 널리 퍼졌다.

그러나 살리에리의 실제 위상은 영화나 희곡 속 설정과는 전혀 달랐다. 그는 당시 유럽의 인기 작곡가이자 정식 궁정음악가였다. 또한 베토벤, 슈베르트, 리스트 들을 가르친 적이 있으며, 베토벤은 자신의 바이올린 소나타를 살리에리에게 헌정하기도 했으니 이만하면 그의 위상을 짐작할 수 있지 않을까. 게다가 정식 궁정음악가라면 모차르트보다 높은 신분이다. 살리에리는 자기보다 아래 신분의 모차르트와 라이벌을 이룰 여지도 없었다. 살리에리는 살아생전에 모차르트라는 음악가(오늘날 모차르트의 위상과 관계없이)를 안중에 두어야 할 이유 자체가 없었던 것이다. 살리에리가 모차르트의 천부적 재능을 질투하며 괴로워했다는 설정은 사실과는 거리가 멀고도 먼 얘기다.

사람들은 왜 '살리에리 신드롬' 만들기에 집착하는 것일까? 낭설의 씨가 이렇게 여러 버전의 드라마로 자라 대중에게 널리 퍼진 이유는 무엇일까?

내 안에는 어떤 천재성에 대한 질투가 숨어 있을까? 그 질투는 내 안의 크리티컬 매스를 폭발시킬 '분노'로 이어질 수 있을까?

영화 속에서 살리에리는 며칠을 끙끙대며 곡 한 편을 쓰는데 반해 모차르트는 천재성을 발휘해 하룻밤에도 얼마든지 작품을 완성한다. 범재 살리에리는 천재에 대한 질투심 때문에 괴롭다. 사람들은 살리에리가 괴로움에 전율하는 모습, 다른 것도 아닌 천부적 재능에 질투하는 모습을 눈 크게 뜨고 지켜보는 것이다. 천재 대 범인의 구도는 견디기 어려운 질투가 분노로, 분노가 행동으로 이어지는 패턴을 그리게 되고 사람들은 그 과정을 숨죽이고 지켜본다. 동시에 지금 보고 있는 것이 픽션임을 알면서도 논픽션을 보고 있는 듯한 심리, 영화가 아니라 다큐멘터리를 보고 있는 듯한 심리가 된다. 픽션이 다큐멘터리로 느껴지는 것, 아니 그렇게 느끼고자 하는 것은 많은 사람의 심리에 픽션 속 살리에리의 정서가 있기 때문은 아닐까?

분노는 나를 움직이는 동력이다

내 안에는 어떤 천재성에 대한 질투가 숨어 있을까? 그 질투는 내 안의 크리티컬 매스를 폭발시킬 '분노'로 이어질 수 있을까?

아주 오랜 세월이 흐른 뒤에 / 힘없는 책갈피는 이 종이를 떨어뜨리리 / 그때 내 마음은 너무나 많은 공장을 세웠으니 / 어리석게도 그토록 기록할 것이 많았구나 / 구름 밑을 천천히 쏘다니는 개처럼 / 지칠 줄 모르고 공중에서 머뭇거렸구나 / 나 가진 것 탄식밖에 없어 / 저녁 거리마다 물끄러미 청춘을 세워두고 / 살아온 날들을 신기하게 세어보았으니 / 그 누구도 나를 두려워하지 않았으니 / 내 희망의 내용은 질투뿐이었구나 / 그리하여 나는 우선 여기에 짧은 글을 남겨둔다 / 나의 생은 미친 듯이 사랑을 찾아 헤매었으나 / 단 한 번도 스스로를 사랑하지 않았노라

기형도 시인의 〈질투는 나의 힘〉이라는 시다. "내 희망의 내용은 질투뿐이었구나…." 누군가를 질투하면서, 혹은 누군가의 무엇인가를 질투하면서 타인 혹은 사회로부터 인정받고 사랑받으려는 게 청춘의 욕망일 수 있다. 미친 듯이 사랑의 대상을 찾아 헤맬 수 있고 방황할 수 있고 회의할 수 있는 시기가 청춘이다. 다만 그 대상이 문제다. 청춘의 방황이 인생의 '낭비'가 아니라 '자산'으로 남기 위해서는 미치도록 사랑하고 질투하고 그래서 '발분'할 수 있는 그 대상이 무엇이냐가 중요하다. 무엇을 질투하고, 무엇을 사랑하고 열망하며, 무엇을

향해 혹은 무엇을 위해 발분하는가? 당신에게 그 대상이 무엇인지, 지금 한번 물어보라.

무엇에 분노할 것인가

최근 프랑스에서 가장 많이 읽히고 있는 책을 통해 한번 생각해보자. 발분의 대상에 대해서. 물론 이 책이 발분의 대상에 대한 정답을 주는 것은 아니지만, 생각을 넓혀보는 차원에서 한번 들여다보자.

2010년 말 프랑스 출판계에 의외의 베스트셀러가 등장했다. 《Indignez vous분개하라!》가 바로 그것이다. 프랑스에서의 돌풍을 바탕으로 전 유럽뿐만 아니라 미국과 일본에서도 출간을 기다리고 있다.

저자 스테판 에셀은 아흔셋 나이의 노인. 에셀은 독일에서 태어났다. 그의 부모는 유대계 지식인으로 1950년대 후반 프랑스 영화계를 강타한 누벨바그의 중요 멤버인 트뤼포 감독의 영화 〈쥘과 짐〉의 모델이기도 하다.

1925년 프랑스로 이주한 에셀은 철학을 공부해 학위를 받고 1937년에는 프랑스 국적을 취득한다. 그리고 제2차 세계대전은 평탄하던 그의 인생에

무엇을 질투하고, 무엇을 사랑하고 열망하며, 무엇을 향해 혹은 무엇을 위해 발분하는가? 당신에게 그 대상이 무엇인지, 지금 한번 물어보라.

극적인 전기가 된다. 나치스 치하 프랑스에서 레지스탕스에 뛰어든 에셀은 1944년 게슈타포에게 체포되어 유대인 수용소에 수감된 채 사형선고를 받는다. 다행히 탈출에 성공해 살아남았고, 종전 뒤에는 유엔에서 일하며 1948년 세계인권선언문 작성에도 참여한다. 이후 에셀은 외교관으로 일하며 현대사의 추이와 함께 나이를 먹어갔다. 이런 이력의 아흔셋 노인이 쓴 책이 오늘날 독자들의 뜨거운 호응을 얻고 있다. 대중은 어디에 반응한 것일까?

그는 분노한다. 분노할 일에 분노하고, 분노할 일에 분노하지 않는 대중에게 분노한다. 프랑스 정부의 외국인 이민자 추방 정책이나 퇴직 연령을 높인 결정 등에도 분노하고, 기득권층만 배불리는 신자유주의 경제에도 분노하는가 하면 중동 사태, 이스라엘의 가자지구 봉쇄 등에도 분노한다. 그러면서 다시 분노한다. '우리가 사는 세상에 이렇게 잘못 돌아가고 있는 일이 많건만 왜 분노하지 않느냐'고. 그는 이렇게 이야기한다.

"오늘날 분개해야 할 이유가 덜 분명해졌고 이 세상이 더욱 복잡해진 것은 사실이다. 누가 명령을 내리고 누가 결정을 하는가? 우리의 삶을 결정하는 모든 종류의 흐름을 구별한다는 게 항상 쉬운 일은 아니다. … 그러나 이 세상에는 참을 수 없는 것들이 있다. 그것을 보기 위해선 잘 바라보고 찾아야한다. 난 젊은이들에게 말한다. '찾아보시오, 분명히 찾을 것이오.' 가장 나쁜 태도는 무관심이다. '무슨 방법이 없잖아, 나 혼자 알아서 처리해야지 뭐.' 당신들은 이런 식으로 행동하면서 인간을 구성하는 가장 중요한 요소의 하나를 잃고 있는데, 그것은 분개하는 능력과 그 결과로 이어지는 앙가주망(참여)이다."(《오마이뉴스》, 2011년 1월 6일자 기사에서)

적어도 내가 사는 공간, 내가 사는 무대, 내가 사는 시대에 무슨 일이 벌어지고 있는지에 대해서는 깨어 있어야 한다. 문맥을 읽지 못하면 주제를 파악할 수 없고 핵심어를 찾아낼 수 없다.

그는 자신의 삶에만 함몰된 채 시선을 멀리, 높이 들지 못하고 있는 세대들에게 경고하고 있다. 개인이 자신의 삶에만 함몰되고 사회에 무관심이 확산될 때, 결과적으로 사회의 문젯거리는 악화되어갈 것이고 그 결과의 부메랑은 젊은 세대들이 고스란히 안게 될 것이라는 경고인 것이다.

당신 삶의 무대를 넓혀라

그의 이야기를 들으면서 하루하루의 삶과 경쟁에 지친 세대들은 반문할 수 있다. 이전 세대의 문제를 왜 우리가 짊어져야 하는가? 귀를 애써 막고 싶을 수도 있고, 애써 외면하고 싶을 수도 있다. 내 몸 하나, 내 장래 하나 건사하기 힘들기 때문이다. 이해한다. 충분히 그럴 수 있다.

'세상은 아는 만큼 보이는 것.' 세상에 대해 알면 알수록 당신의 세상은 넓어진다. 당신의 에너지를 뿜어낼 대상도 많아진다. 그 결과 삶의 무대는 더 넓어질 것이다.

내가 그의 책을 들여다보자고 한 까닭은 우리가 관심을 가질 대상이, 우리가 분노할 대상이 반드시 세계사적인, 국가적인, 혹은 정치적 참여에 치우친 무슨 거대한 담론이어야 한다고 주장하기 위함은 아니다. 다만 적어도 내가 사는 공간, 내가 사는 무대, 내가 사는 시대에 무슨 일이 벌어지고 있는지에 대해서는 깨어 있어야 한다는 것이다. 문맥을 읽지 못하면 주제를 파악할 수 없고 핵심어를 찾아낼 수 없다. 내가 살고 있는 시공간을 파악하지 못하면 단기적 방향은 설정할 수 있을지 모르지만 장기적 플랜에서 방향을 잃고 헤맬 수 있다.

자신이 모르기 때문에 남의 말에 귀가 얇아질 수 있다. 세상엔 진정 알면서도 목소리 작은 사람들이 있고 대충 알면서도 목소리 큰 사람들이 있다. 진정한 지식은 개인적 판단을 배제하고 전달해야 하건만, 목소리 큰 사람들이 전하는 소리에는 지식보다 편견이 많이 섞여 있을 위험이 있다. 가짜들의 큰 목소리가 횡행하는 세상. 내가 모르면 휩쓸릴 수 있다. 잘못 판단하고 젊은 시절을 낭비하다 뒤늦게 후회할 수 있다. 이것을 원하는가? 전체 그림을 못 보면 판세를 잘못 읽을 수 있

고 그러다 보면 공황과 고립과 자포자기에 휩쓸려버릴 위험이
있다.

지금 내가 사는 사회에는 여러 문젯거리가 있다. 그런 문
제를 무관심이 아닌 관심으로 대하는 것만으로도 당신이 보
는 세상은 넓어질 수 있고 당신이 해야 할 일도 많아질 수 있
다. '세상은 아는 만큼 보이는 것.' 세상에 대해 알면 알수록
당신의 세상은 넓어진다. 당신의 에너지를 뿜어낼 대상도 많
아진다. 그 결과 삶의 무대는 더 넓어질 것이다.

관심을 기울이고
참여하고 행동하라
스테판 에셀의 방법만이 유일
한 것은 아니다. '참여'의 방법에도 다양한 길이 있다. 티베트
의 달라이라마 텐진 갸초는 이렇게 이야기한다.

"중국인들은 제국주의자나 식민주의자로 티베트에 간 것
이 아니라 '해방자'로 갔다고 선전합니다. 한 국민의 권리를,
그들의 운명을 그들 스스로 결정할 권리를 부정하는 것이 무
슨 해방입니까? 중국의 지배하에 티베트 인민이 겪은 막대한
물질적 손해는 헤아릴 수도 없습니다. 수세기에 걸쳐 우리의 5
천 승원에 축적된 부가 약탈당하고, 중국으로 빼돌려졌습니
다. 산스크리트어, 팔리어, 티베트어로 쓰인 귀중한 필사본들

11장 질투하고 분노하라

이 돌이킬 수 없이 유실된 것은 말할 것도 없습니다. … 우리
는 미래에 대해 생각해야 하고 상황을 장기적인 관점에서 보
아야 합니다. 이해하는 분위기를 조성하기 위해서는 양측이
노력을 해야 하고, 그러면 어느 정도 신뢰가 형성될 수 있을
것입니다. 티베트 인민의 목숨이 중국군의 총칼에 달려 있는
한 어떤 것도 가능하지 않습니다. 문제는 우리가 우리의 견해
와 불만을 표현하기 위해 중국인들에게 접근하는 즉시 그들
은 그것을 자기 나라에 대한 공격으로 받아들이고 곧바로 방
어 자세를 취한다는 것입니다. 그 결과 티베트인의 관점은 중
국인들의 마음속에 들어가지 못합니다. 바로 그 때문에 내가
모든 사람들 앞에서 소리 높여 말하는 것입니다. 세계 사람
들이 듣고 진상을 알기를 바라는 것입니다."(클로드 B. 르방송,
《달라이 라마 평전》에서)

그래서 그가 권유하는 '참여'의 방법은 이런 것이다.
"우리가 늘 화를 내고 있다가 어느 날 갑자기 세계 평화
를 외친다면 그건 별 의미가 없습니다. 그러니 먼저 우리 개개
인이 평화를 배워야 합니다. 우리는 이것을 실천할 수 있습니
다."(게일런 로웰, 《달라이 라마 나의 티베트》에서)

그는 분노를 분노로 표출하라 외치지 않는다. 뿌리가 깊고

정당한 분노는 정당한 생각을 낳고 정당한 행동을 유발한다. 정당한 분노에서 출발한 정당한 행동의 열매는 나와 내가 사는 세상이 함께 누리게 된다.

도 깊을 티베트인들의 분노를 진정한 세계 평화의 출발점으로 삼으라고 조언한다. 달라이라마의 이런 노선이, 티베트의 분노를 세계인이 함께 느낄 수 있는 분노로 조직하는 데에 보다 효과적이었을지 모른다. 날것 그대로의 분노와 결사항전보다 효과적이었을지 모른다.

불만이 영혼을 일깨운다

광고계의 뛰어난 아이디어맨 이제석은 세계적으로 인정받고 난 이후 상업적인 광고보다는 그의 표현대로라면 "돈이 안 되는" 공익광고를 만드는 일에 많은 시간을 할애하고 있다. 그가 이렇게 공익광고에 자신의 시간과 열정을 쏟는 일은 그 나름대로의 사회 '참여' 방법일 수 있다. 그는 인터뷰 도중 이런 말을 했다.

"인생의 큰 전기를 만드는 일 중에 하나는 '분노'인 것 같아요."

그가 만든 광고를 보면 그가 말한 분노가 무엇인지, 그리고 그 분노의 결과가 어떻게 나타나는지를 쉽게 파악할 수 있다.

"뉴욕에서 공부할 때였어요. 무거운 백팩을 메고 숨을 헐

떡거리면서 뉴욕 지하철의 가파른 계단을 올라가는데 내 앞에
서 하마처럼 뚱뚱한 흑인 할머니가 증기기관차처럼 숨을 헐떡
이며 간신히 계단을 오르고 있는 거예요. 그때 화가 났죠. '빌
어먹을, 지하철을 이따위로 만들면 어떡하라는 거야. 올라가
다 쓰러지면 누가 책임져주나. 세계에서 부자들이 가장 많은
도시에서 왜 에스컬레이터 하
나도 만들지 못하는 거냐고.
장애인은 어쩌라는 거야. 지하
철역 계단이 히말라야나 마찬
가지잖아.'"

그때 그의 머릿속에 섬광이 스쳐 지나갔다.

"'어? 뭐라고? 계단이 히말라야라고?' 그때 머릿속에서 파
박! 했죠."

그래서 나온 것이 바로 '계단' 광고였다.

"For some, It's Mt. Everest. Help build more
handicap facilities."
"누군가에게는 이 계단이 에베레스트 산입니다. 보다 많
은 장애인 편의 시설을!"

이제석은 "불만이 영혼을 일깨운다"고 했다. 그가 말한

불만을 나는 '정당한 분노'라고 바꿔 말한다. 세상에는 우리가 관심을 두어야 할 일이 정말 많다. 환경, 인권, 법체계, 소수자 문제, 차별 등등 한두 가지가 아니다. 그런 문제에 관심을 갖고, 문제를 직시하고, 그 문제를 반추하다 보면 잘못된 것이 보이기 시작하고, 잘못된 것에 대한 정당한 분노가 생길 수밖에 없다. 뒤틀림의 분노나 한풀이식의 분노와는 차원이 다른 '정당한 분노'다. 이런 정당한 분노는 정당한 생각을 낳고 정당한 행동을 유발한다. 정당한 분노에서 출발한 정당한 행동의 열매는 나와 내가 사는 세상이 함께 누리게 된다.

정당한 분노의 대상을 찾아 창의성을 펼쳐라

이제석은 사회문제에 관심의 안테나를 켜고 있었고, 그 안테나에 걸린 문제에 발분했을 때 창의력이 발현되었다. 그의 발분이 사회의 작은 문제를 조금이나마 해결할 수 있는 길 하나를 냈고 동시에 그는 또 하나의 자기 작품을 만들어낸 것이다.

인터넷 포털 사이트에 올라온 뉴스를 볼 때마다 혹은 실시간 검색어를 볼 때마다, '정말 대다수의 사람들이 고작 이런 문제에 관심을 갖고 있다고?'라며 실망할 때가 있다. 조금만 더 높게, 더 넓게 시야를 둘 수는 없을까?

그리고 자신의 에너지를 뿜어낼 '발분할 대상'을 찾아보라고 당부하고 싶다. 무관심도 문제지만 어설픈 공부와 좁은 시야로 얻은 편향된 조각 지식에 둘러싸인 채, 새된 소리며 표현이 원색적인 주장에 휩쓸려 쓸데없는 것 혹은 잘못된 것에 발분하며 그것을 '쿨하다'고 착각해서도 안 될 것이다.

동아시아 정사의 효시이며 역사 서술의 전형을 창조한 《사기》는 한나라 무제의 전횡과 황제에게 아부하기에만 급급했던 조정에 대한 사마천의 분노가 없었다면 완성되지 못했을 것이다. 사마천이 《사기》 안에 독립된 일대기를 할애할 만큼 존숭의 정을 표한 공자 또한 도가 사라진 시대에 대한 분노를 농익은 언어로 형상화했다. 그 결정판이 공자 사후 그 제자들이 논찬해 만든 《논어》다.

> 사람은 누구나 다 열등감을 가지고 있어요. 인생에 기가 죽으면 열등감이고 열등감에 젖으면 인생을 앞으로 가기가 어려워요. 머슴처럼 살 것인지 주인처럼 살 것인지를 결정하는 것은 자존심이에요. 그리고 인생은 한 번밖에 못 살기 때문에 이왕 태어났으니까 세상에 무릎 꿇지 말고 세상을 끌고 가야만 그게 주인답게 사는 거예요.—소설가 김홍신

김시습은 1455년 단종이 끝내 수양대군에게 양위하자 단박에 과거 공부를 집어치우고 세상을 등지고는 머리를 깎았다. 그의 분노는 방랑과 은둔과 글쓰기로 나타났다. 한국문학사의 기념비라 할 만한 김시습의 시와 그의 소설 《금오신화》 또한 사마천과 같은 발분의 결과였다. 빅토르 위고의 《레미제

라블》, 에밀 졸라의 《제르미날》 또한 사람을 불행 속에 구겨넣는 사회 모순에 대한 응축된 분노의 산물이다. 피카소의 〈게르니카〉에 표현된 분노는 파시즘과 군국주의 세력을 곧바로 향하고 있다. 존 스타인벡의 《분노의 포도》는 어떤가. 아예 제목에 '분노'라고 쓴 이 소설은 대공황기 민초의 분노, 시대의 분노에 공명하면서 독자를 인간으로서 마주해야 할 진정한 분노와 대면케 했다.

심호흡을 크게 한번 해보자. 그리고 고개를 주욱 빼고 당신을 둘러싼 세상을 다시 바라보자. 좋은 대학만이, 대기업으로 대표되는 안정된 직장만이 당신 인생의 목적이라고 하기에는 너무 협소하고 너무 초라하지 않은가. 과연 무엇이 당신 인생의 목적이어야 할까? 사유해보자. 당신 인생의 주인이 되기 위해서.

님 에게

'부러우면 지는 거다?'

아니에요.

부러워해도 돼요. 눈에 보기 좋고 귀에 듣기 좋은 것을 접하면 사람 마음속에서는 그냥 본능적으로 '아, 부럽다' 하고 새어나오게 되어 있어요. 당신만이 아니라 모든 사람이 그래요.

본능적인 그 마음까지 틀어막으려 괜히 진땀 흘리지 마세요.

부러우면 그냥, '아 부럽다. 무지무지 부럽다' 하세요. 그게 더 자연스럽고 순수해 보여서 좋지 않나요?

다만 사람을 질투하지는 말아요. 그러면 그 사람이 아니라 내가 아프니까요. 내가 뒤로 가요. 내가 못난 사람이 되는 거고, 그러다가는 내 마음이 병들어버려요. 내 마음속 좋은 에너지가 다 사라져버려요.

오직 질투할 것은 다른 사람 내부에 이미 만들어진, 혹은 열심히 만들어지고 있는 크리티컬 매스예요. 그것만 열심히 질투하세요. 그러면 그때의 질투는 내 힘이 되는 거예요. 그리고 또 하나, 혹 내 안에 크리티컬 매스가 만들어지지 않고 있었다면 그것을 내버려 둔 자기 자신에게 분노하세요. 그러면 그때의 '분노는 내 힘'이 되는 거죠.

다른 사람을 질투하면 내 에너지가 사라져버리는 거고
다른 사람에게 분노하면 내 머리 위에 불화로를 얹는 거예요.

실컷 부러워하세요.
실컷 꿈꾸세요.
그리고 실컷 꿈을 이뤄보는 거예요.

12장
끊어내고
탈출하라

부정적인 것들을
끊어내고 자신을 구하라

상상력을 총동원해서 이런 상황을 머릿속에 그려보자. 추운 겨울이다. 한겨울 영하 10도를 내려가는. 한강이 부분 결빙되었다. 물속에 사람이 들어간다면 금방 심장이 얼어붙을 듯한 차가운 물이다. 그런데! 당신이 그곳에 빠졌다! 어떻게 하겠는가? 물어보나 마나다. 죽을힘을 다해 빠져나오려 발버둥 칠 것이다. 생을 비관할 대로 비관했다 하더라도 당신은 본능적으로 '잠깐 이따 죽자. 추워서 못 살겠다'며 빠져나오려 할 것 아니겠는가.

그런데, 이게 웬일. 빠져나오려 발버둥 치는데 수초가 당신 발목에 엉켜 있다. 발버둥 치면 칠수록 수초는 발목에 더 엉키는 것 같다. 어떻게 하겠는가? 칼이라도 있다면 단칼에 잘라내고 탈출하려 하지 않겠는가? 이런 상황에서 뭉그적대거나 '나도 모르겠다' 식의 자포자기는 결코 없을 것이다. 그렇지 않겠는가?

좌절이나 절망, 우울, 슬럼프, 나태, 일상적 게으름, 이 모든 부정적인 것들은 바로 당신의 발목에 엉킨 한겨울 바닷속 수초다. 당신을 바다 밑바닥으로 가라앉히는, 수면으로 부상하지 못하게 하는 그것이다. 끊어내야 한다. 단계적으로 끊어내는 것이 아니라 있는 힘을 다해 단칼에 끊어야 한다. 당신을 구할 사람은 당신 자신밖에 없다.

산이 높으면
골도 깊다는 것을 잊지 마라
미국의 전설적인 앵커 바버라 월터스는 전 세계의 주요 인물들, 특히 인터뷰 기회를 갖기가 어려운 사람들을 인터뷰 자리에 끌어내 독보적 명성을 쌓았다. 1970년대 중반 단독으로 성사시킨 사다트 이집트 대통령과 베긴 이스라엘 총리의 합동 인터뷰는 단연 세계적인 화제였다. 이 밖에 지미 카터, 피델 카스트로, 우고 차

베스, 클린턴 부부, 르윈스키, 조지 부시 대통령 부자, 달라이 라마, 다이애나 비 들이 대표적인 그녀의 인터뷰이들이다.

팔순이 넘은 나이에도 〈The View〉 등의 방송을 정력적으로 진행하고 있는 그녀를 볼 때마다 '나도 저 나이에 그녀처럼 방송을 할 수 있을까' 하는 생각이 든다. 파파 할머니가 된 여성 앵커. 그 어떤 모습보다 멋있다. 팔순 노인이지만 뉴스 화면 속 그녀의 카리스마는 여전하고, 삶의 연륜이 묻어난다. 그녀의 회고록을 잠깐 펼쳐보자.

"텔레비전 일을 갓 시작한 젊은이들이 흔히 나한테 '나도 당신처럼 되고 싶어요'라고 한다. 그러면 나는 준비된 대답을 말하듯 항상 이렇게 이야기한다. '내 인생을 패키지로 몽땅 가져가야 하는데?'라고 대답한다. 그 말에 모두 공손하게 웃지만 내가 말하는 의도는 알 리가 없을 것이다."(바버라 월터스, 《내 인생의 오디션》에서)

좌절이나 절망, 우울, 슬럼프, 나태, 일상적 게으름, 이 모든 부정적인 것들은 바로 당신의 발목에 엉킨 한겨울 바닷속 수초다. 당신을 바다 밑바닥으로 가라앉히는, 수면으로 부상하지 못하게 하는 그것이다. 끊어내야 한다. 있는 힘을 다해 단칼에 끊어야 한다. 당신을 구할 사람은 당신 자신밖에 없다.

다른 사람은 모른다는 그녀의 '의도'는 무엇일까? 그 답은 회고록의 또 다른 문단에 숨어 있다. 그녀는 회고록에서 승승장구의 커리어가 아니라 그녀의

12장 끊어내고 탈출하라

성공 뒤에 숨은 이야기를 솔직히 고백했다.

"정신지체인 언니의 병은 내 삶을 바꾸어 놓았다. … 내가 그토록 일에 매달리게 된 이유 가운데 하나가 바로 언니에 대한 책임감 때문이었다. 그것은 경제적인 책임감에 그치는 것만이 아니었다. 얼마나 많은 세월을 언니 때문에 속상해하고 언니 때문에 창피했는지 모른다. 나는 이렇게 가진 게 많은데 언니는 왜 저렇게 가진 게 없는지 하는 죄책감에 얼마나 시달려야 했는지 모른다."(위의 책)

'내 인생을 패키지로 다 가져야 한다'의 행간에는 이런 말이 숨어 있으리라. '너희는 내가 앵커로서 이룬 대단한 성공만 보이지. 그것을 갖고 싶지? 그런데 성공 뒤에 가려진 내 삶의 그늘과 고통을 직시할 각오가 되어 있는 거야?' 언니의 병에서 온 부담감이며 책임감 말고도, 여성으로서 엄마로서 그녀가 주저앉을 뻔한 상황이 왜 없었겠는가. 성공한 사람들이 그 자리에 이르기까지, 혹은 그 자리를 유지하기 위해서 어떤 피나는 노력을 해왔고 끊임없이 하고 있는지 생각해봐야 한다. 다름 아닌 나를 위해.

착각으로부터 벗어나는 것이 결국 내게 유익하다는 사실을 바로 이 순간, 절실히 깨달아야 한다. 누구를 위해? 바로 나를 위해!

우리는 성공한 사람의 겉모습만 보고 부러워하거나 질투하거나 상대적 박탈감 혹은 상대적 불행감을 멋대로 만들어내

스스로를 들볶곤 한다. '왜 내게만 기회가 오지 않느냐고, 왜 나만 불행하냐고…'

과연 그럴까. 그런 착각으로부터 벗어나는 것이 결국 내게 유익하다는 사실을 바로 이 순간, 절실히 깨달아야 한다. 누구를 위해? 바로 나를 위해!

"나름대로" "이 정도면" 충분하지 않다

지금은 대표적 배우로 자리 잡은 장혁은 인터뷰에서 이렇게 말했다.

"오디션에서 정말 많이 떨어졌어요. 120번 정도 떨어졌어요. 제 성격이 상당히 긍정적인데 12번, 13번 떨어지니까 못 버티겠더라고요. '내 길이 아닌가' 하는 생각도 괴로웠지만 무엇보다 날 미치게 만들었던 건 떨어질 때마다 도대체 왜 떨어지는지를 모르겠더라고요. 그때는 이런 생각을 했어요. '나름대로 정말 열심히 준비했고 이 정도면 되지 않겠나' 생각했어요. … 그런데 어느 날 깨달은 거죠. 아! 하고. '나름대로'와 '이 정도면'을 빼야 하는 거구나!"

그가 이 말을 하는 순간, 나는 인터뷰를 진행하면서도 "나름대로"와 "이 정도면"이라는 말을 내 머릿속 메모리칩에

꾸역꾸역 집어넣고 있었다. 이 말을 독자들에게 전해야지. 바로 그것이다. 우리는 착각한다. 내가 한 노력에 대해. 얼마나 너그러운 착각을 하는지 모른다. '나름대로 정말 열심히 준비했다. 그런데 왜 나만 안 돼?'라든지, '이 정도면 훌륭한 것 아니야? 붙은 저 애와 떨어진 내 차이가 뭐야?' 하는 식의 용감무쌍한, 아니 만용에 가득한 착각을 하는 것이다. 남의 성공 뒤에 숨은 노력, 혹은 그늘과 고통에 대해서는 야박하기 그지없으면서 내 실패의 진짜 이유에는 눈을 감은 채, 자신에게는 한없이 너그러워지는 게 아닌가.

바버라 월터스 같은 전설적 앵커는 절대로 거저 만들어지지 않는다. 그녀뿐이 아니다. 한 분야의 전문가는 거저 만들어지는 법이 없다. 혹시 배경 덕에 출발이 빠른 사람이 있을지는 모르겠지만 그것은 오직 단기간 유지하는 것에 그칠 뿐이다. 세상에는 파도 같은 태클이 있어서 넘었나 하면 또 달려들고 이제 없겠지 하면 또 닥쳐오는 법이다. 파도를 넘고 넘다 보면 실력이 굳어지고 소위, 내공이 깊어지는 것이다. 결국 실력과 노력만이 권좌를 지킬 수 있는 비책이다.

앞으로 계속 영화를 찍고 싶고, 실수하지 않는 감독이고 싶다. -영화감독 강우석

만약 당신에게 '왜 나만 안 되는 거야, 이유를 모르겠네' 하는 불평, 불만, 회의가 가득하다면 당장 자신의 머릿속과 마음부터 헤집어보라. 나의 노력을 과대평가하고 나에게만 관

대한 후안무치한 착각이 숨어 있지 않은지. 착각하지 말라! 당신의 눈과 귀를 가로막는 착각의 벽을 당장, 단박에 뚫고 나와야 한다. 탈출하라! 착각으로부터.

자신을 향해 정당한 독설을 날릴 줄 알아야 한다

CF와 뮤직비디오계에서 노력파로 알려진 차은택 감독. 후배들을 향한 조언을 부탁하자, "욕먹을지 모르지만 '독한 말'을 해도 되겠느냐"고 물었다. 그는 인사치레에 지나지 않는 칭찬이 얼마나 허망하고 쓸데없는 짓인지 지적하고는 '냉정'을 꺼내들었다. 나는 그가 독한 말(그런데 별로 독하지도 않다. 사실이니까)을 해줘서 고마웠다. 내 인터뷰가 시청자에게 피가 되고 살이 되기를 바라니까!

불평, 불만, 회의가 가득하다면 당장 자신의 머릿속과 마음부터 헤집어보라. 후안무치한 착각이 숨어 있지 않은지. 착각하지 말라! 당신의 눈과 귀를 가로막는 착각의 벽을 당장, 단박에 뚫고 나와야 한다. 탈출하라! 착각으로부터.

"우리는 칭찬에 대해서 이상한 이중적 태도가 있어요. 남의 것을 잘 인정하지 않으면서 의외로 내 것에 대한 칭찬에만 열려 있죠. 사실 칭찬 대부분이 그냥 하는 말일 수 있는데, 거기에 무작정 동조하지 않도록 노력을 해야죠. 우린 그런 문화가 있잖아요. 엄마들이 보통 '우리 애는 머리는 좋은데 노력을 안 해서'라고 말하지요. 다 머리가 좋대. 노력만 하면 다 되는 줄 알아요. 그런데 말이 죠. 그게 위험해요. 스스로 냉정한 판단에서 나온 게 아니기 때문이에요.

아주 냉정하게 봐야 해요. 전 그런 냉정함이 있어야 정말 좋은 진단과 그에 따른 반성이 나오고, 앞으로 나아갈 적확한 처방과 대책이 나온다고 봐요. 칭찬도 물론 중요합니다. 그런 데 두 가지가 다 있어야 돼요. 칭찬과 냉정한 분석.

… 꿈을 가져라. 열정을 가져라. 그게 때로는 의미 없는 말이에요. 그냥 하는 소리예요. 그런 추상적인 얘기보단 '곱씹어서 반성해라. 그 다음에 스스로에게 냉철, 냉정해라'라고 얘기해주고 싶어요. 그렇게 해야 결국 우리 칭찬 문화도 달라지고 성공하는 사람도 더 생길 것 같아요."

차은택 감독이 한 말은 약이 될 만한 쓴 말이다. 안다. 이 땅의 모든 삶이 고단하다는 것을. 그러나 직시할 것은 직시해야 한다.

칭찬은 고래도 춤추게 한다. 자신감은 나를 키우는 훌륭한 자양분이다. 그러나 자신감에는 근거가 있어야 한다. 칭찬은 냉정한 평가 뒤에 나와야 한다. 근거와 냉정한 평가 뒤에 따르는 자신감과 칭찬만이 나를 살리는 자양분이 될 것이다.

내 안 한구석에 '쉽게 가고 싶다'는 마음이 숨어 있지 않은 가? 그런 마음을 지닌 사람은 스스로에게 필요 이상으로, 근거 없이 너그러워지게 된다. 자신의 능력 부족에 대한 냉철한 반성을 해본 적이 없는 사람들은 흔히 '세상이 불합리해서 나를 몰라준다'거나 '때를 잘못 만나 성공하지 못했다'는 식의 착각을 하곤 한다. 여기에 자신에게만 지나치게 너그러운 과대평가까지 더해지면 최악이다.

물론 칭찬은 고래도 춤추게 한다. 자신감은 나를 키우는 훌륭한 자양분이다. 그러나 자신감에는 근거가 있어야 한다. 칭찬은 냉정한 평가 뒤에 나와야 한다. 근거와 냉정한 평가 뒤에 따르는 자신감과 칭찬만이 나를 살리는 자양분이 될 것이다. 자학과 위축의 과소평가도 지양해야 하지만, 근거 없는 과대평가가 내 앞을 가로막고 있지는 않은지 곱씹어보아야 한다. 곰곰이.

고난을 숭배하지 말고 뛰어넘어라

어떤 목사님이 이런 말을 했다. 수차례 암 수술을 받은 분의 이야기다.

"병이 들면 사람들은 병을 숭배해요. '내가 감히 어떻게 병을 이겨내?'라고 생각하면서 병을 대단한 존재로, 내가 감히 이겨낼 수 없는 존재라고 생각하는 거죠. 병을 숭배하지 마세요. '내 밥이다'라고 생각해보세요. 고난도 마찬가지입니다. 어려움을 숭배하고 '내가 어떻게 이겨내겠어'라고 생각하면 못 이겨냅니다. '내가 더 크고 고난이 더 작은 거다'라고 생각해보세요."

세상의 그 누가 고민이 없을까. 세상의 그 누군들 마음 아픈 적이 없었을까. 세상의 누가 실패를 경험하지 않았으며 세상의 누군들 고난에 휘청거려본 적이 단 한번도 없을까. 어려움, 아픔, 고난, 시험, 이런 것으로부터 자유로운 사람은 단언하건대, 한 사람도 없을 것이다. 그런데 크게 다른 것이 있다. 고난을 대하는 '태도'다. 고난으로부터 탈출해 나오는 속도다. 고난으로부터 박차고 나와 회복되는 속도다. 고난을 박차고 나와 새옹지마로 바꿔내는 역량이다. 그 차이가 성공한 인생과 실패한 인생을 가르는 것이다.

탐험가 박영석은 극한의 고통, 극한의 도전에 맞서는 상황을 이렇게 표현한다. 북극 탐험을 할 때다. 북극점을 찍

어려운가, 지금? 혹시 고통스러운가, 지금? 고통만 바라보지 말라. 고통을 숭배하지 말라. 고통이 거인처럼 커지도록 방치하지 말아야 한다. 끊어내라. 당신이 더 크다. 더 큰 당신이 이겨낼 수 있다.

는 게 탐험의 완성인데, 생각해보라. '여기가 북극'이라고 써 있지 않다. 오직 좌표를 보며 가도 가도 끝없는 설원을 걷는 것이다. 추운 정도가 아니라 잠깐 한눈팔면 동사할 수 있는

추위다. 그는 당시 자신의 머릿속에 어떤 생각이 있었는지를 이렇게 묘사한다.

"그냥 버텼어요. 아침이 되면 저는 그냥 로봇이에요. 극점을 찾아가는 로봇. 제 감정도 없고 이성도 없어요. 그냥 GPS 보고 나침반 보고 해 보고 그림자 보면서 찾아가는 로봇이라고 생각을 해요. 그래야만이 찾아갈 수 있습니다. 안 해본 사람은 모르죠. 자기감정을 다 없애야 해요. 내 감정을. 저는 대원들이 아프더라도 빈 썰매를 끌고 가게 합니다. 이 대원 한 명 때문에 전 대원이 실패하게 되잖아요. 이 친구 때문에 구조 헬기를 띄우면, 한 번 부르는 데 2억 원입니다. 부르지 못하죠. 어떤 목표가 있으면 목표를 향해 흔들림 없이 가야 하지 않습니까. 목표가 자꾸 바뀌면 인생도 혼란스러워지잖아요. 저희는 무조건 갑니다. 자기 자신과 숱하게 싸우면서 가는 거예요. 극점에 갈 때까지. 정상에 올라갈 때까지. 자기 자신과 타협을 하는 순간 그 원정은 끝입니다. 절대 성공할 수가 없어요."

팝스타 빌리 조엘은 어떤가. 그는 그래미상 6회 수상, 1991년 그래미 레전드상 수상, 1992년 작곡가 명예의 전당 헌액, 1999년 로큰롤 명예의 전당 헌액, 2006년 롱아일랜드 음악 명예의 전당 헌액의 영예를 누린 음악가다. 음반 판매고만

1억 장 이상으로 추산된다. 그러한 그의 시련 또한 혹독한 것이었다. 끼니를 걱정하던 무명 시절, 이혼, 사기꾼 프로듀서 때문에 겪은 좌절 등 시련크게 다른 것이 있다. 고난을 대하는 '태도'다. 고난으로부터 탈출해 나오는 속도다. 고난으로부터 박차고 나와 회복되는 속도다. 고난을 박차고 나와 새옹지마로 바꿔내는 역량이다. 그 차이가 성공한 인생과 실패한 인생을 가르는 것이다.

은 끝이 없어 보였다. 자살 시도가 미수에 그친 뒤에는 정신병원에 들어가야 했다. 그런데 그가 남들은 끝났다고 여긴 정신병원에서 희망의 끈을 붙잡고 일어서서 나온 것이다. 그는 정신병원에서 자신보다 더한 중증 환자들을 보며 이런 생각을 했다고 한다.

"나만이 최악이 아니다. 아직 내가 다 잃은 것은 아니다."

그는 남들이 최악의 상황이라고 하는 고난의 순간을 내가 뛰어넘을 수 없는, 대단한 그 무엇으로 숭배하지 않고 무시해버린 것이다. 그리고 뛰어넘었다. 그렇게 해서 우리가 아는 오늘의 빌리 조엘이 되었다.

상황이 어려울 수 있다. 고약하게도 고통이나 어려움이 삼각파도를 이루고 떼로 달려들어 사람을 그로기 상태에 몰아넣기도 한다. 그러나 헤치고 나오는 사람이 있다. 어떻게 그랬을까? 빌리 조엘의 사연 속에서 이미 해답을 찾았을 것이다. 어려운가, 지금? 혹시 고통스러운가, 지금? 고통만 바라보지 말라. 고통을 숭배하지 말라. 고통이 거인처럼 커지도록

방치하지 말아야 한다. 끊어내라. 당신이 더 크다. 더 큰 당신
이 이겨낼 수 있다.

나를 가두는 것은
감옥이 아니다

내 인터뷰이 중 많은 사람이 감
옥에 다녀왔다. 그 이유도 여러 가지다. 정치사범, 경제사범
에서부터 마약사범 등 다양하다. 그들은 한때 감옥에 있었다.
그리고 나왔다. 그리고 일어섰다.

한때 검사였고 또 한때 변호사였다가 오래전부터 사회운
동가가 된 박원순의 이야기를 들어보자. 그는 '독재 타도'를 외
치며 반정부 시위에 나갔다가 연행되어 옥살이를 했다.

"우리 젊은이들이 뭐, 예컨대, 집안이 좀 어렵거나 또는
무슨 어려운 학교 시험이 잘 안 되었다든지, 이런 것에 기죽을
필요가 전혀 없는 것 같아요. 저도 사실 그런 경험들이 어마
어마했거든요. 저도 그게 젊었을 때는 큰 상처나 고통이 되었
죠. 근데 긍정적 생각을 한 게 도움이 되었어요. 큰 도움. 누
구를 탓하겠습니까. 아무 소용없잖아요. 심지어 저는 데모했
다가 감옥에 갇혔을 때 박정희 대통령한테 감사했어요. 그때
감옥 안 갔으면 저는 그냥 검사로 있으면서 지금처럼 살지 못
했을 거예요. 위기나 고통은 자신을 키우고 성숙시키는 기회

라는 것, 영양소라는 것, 정말 확실하죠."

작가 황석영도 국가보안법 위반으로 오랜 옥살이를 했다. 감옥에 있는 동안 글을 쓰는 것이 허용되지 않았다. 그는 그때 후회하고 절망한 순간도 있었지만 지금 와서 돌아보면 그때 그 상황이 작품 활동을 하는 데 대단한 밑자료가 되고 있다고 말했다.

"감옥 사회는 독특하죠. 그 안에서 발상이 바뀌었어요. 감옥에서 이런 생각을 했죠. 이것도 사회인데, 이 시기도 내

탈출하지 않으면 끝없는 암흑이다. 부정적인 것들로부터의 탈출에는 점진적 탈출이라는 것은 없다. 바로 결단하고 결단한 즉시 행동에 옮겨 끊어내야 한다. 탈출하면 길이 보인다.

인생의 일부분인데 잘 지내자. 여기서 사람들하고 잘 지내고 그러면서 생각을 정리했죠. 작가로서 단절된 시간이 있었지만 그 시절 덕분에 지금, 그리고 죽을 때까지 왕성한 집필을 할 수 있다고 생각합니다. 작가로서 행운이었다고 생각합니다."

탈출하면 길이 보인다

지금은 한국의 대표적 랩퍼로 각광받고 있는 타이거JK의 고생담 또한 끝이 없다. 힙합 하나만을 붙들고 오늘에 이르기까지의 15년간은 고난의 연속이었다. 고질

적인 질병에, '네가 뭘 알아' 하는 주변의 냉소, 거리 공연에서 겪은 관객의 폭력…. 견딘다 해도 한두 번이다. 두세 번 겪고 나면 포기하고 싶어지는 것이 인지상정이다. 포기하지 않더라도 마음속엔 온통 부정적 생각이 가득 차기 마련이다. 타이거 JK, 그도 고백한다. 마음속에 피해망상, 자격지심, 포기, 원망, 분노, 이런 부정적인 생각뿐이었다고. 그러나 그는 그렇게 부정적인 생각에 자신을 묶어두지 않았다.

"그러나 그만둘 수 없었어요. 어느 날 많은 것이 변하기 시작했죠. 이제 사람들은 잘되었다고 하지만 제 기준에서는 그 꿈이 아직도 남아 있어요. 그게 굉장히 중요한 것 같아요. 그런 걸 많이 느꼈어요. '내가 노력한 만큼 왜 얻지 못할까' '왜 주목받지 못할까' 하는 것들을 항상 느꼈는데요. 사람들은 누구나 열심히 하고 또 노력을 진짜 열심히 하면 그 운이 맞아 떨어지는 시점이 오는 것 같아요. 그런데 너무 일찍 포기하거나 체념하는 사람들이 있는 것 같아요. 힘들지만 혹시 그 타이밍이 지금이 아닌가… 그 타이밍이 지금일 수도 있죠. 제가 이렇게 〈피플 인사이드〉 프로그램에서 힙합에 대한 토론을 할 수 있는 날이 올 줄 누가 알았겠어요. 상상도 못했던 일이죠."

무시당했고 가난했고 아팠다. 모든 부정적인 것에 짓눌릴 수 있었다. 그러나 타이거JK는 단호히 거절하고 탈출했고, 탈출하자 보이기 시작한 것이다. 그는 꿈을 놓지 않았고, 그가 포기하지 않자 그의 꿈도 그를 포기하지 않았다. 탈출하지 않으면 끝없는 암흑이다. 부정적인 것들로부터의 탈출에는 점진적 탈출이라는 것은 없다. 바로 결단하고 결단한 즉시 행동에 옮겨 끊어내야 한다. 탈출하면 길이 보인다.

지금 '당장' 탈출하라

가수 인순이는 어린 시절부터 순탄치 못한 삶을 살아왔으리라. 이는 누구라도 어렵잖게 짐작할 수 있을 것이다. 인순이에게 가수의 길은 생존의 열쇠였다. '이 길에 나와 내 가족의 생존이 달렸다'고 할 수 있는 일을 시작한 뒤, 노래를 할 여건이 힘들어졌을 때 그녀의 절망감이 어떠했을지 짐작할 수 있다. 그녀는 나이트클럽에서 일해야 했다. 그러나 그녀는 그때 절망하지 않았다고 한다. 오히려 "그늘에서 준비하는 시간"이었다고 말한다. 그늘에서 탈출할 노력을 하면서, 얼굴 찌푸리고 괴로운 마음으로 죽기 살기 노력한 것도 아니라고 했다. 정말 기쁜 마음으로, 준비하는 시간을 갖게 된 것을 기뻐하는 마음으로, 실력을 쌓는다 생각했다는 것이다.

우리의 생각과 감정, 행동은 서로 상호작용하며 긴밀하게 영향을 미친다. 불행하게도 긍정적인 감정보다 부정적인 감정의 흐름과 전염이 더 빠르다.

"저는 살아남아야 했어요, 슬럼프에서도. '이 일이 힘든 건 그때 힘든 것에 비하면 아무것도 아닌데, 뭐.' 그랬어요. 저는 그래도 다행인 게 방송에서는 슬럼프였지만 나이트클럽에서는 여왕이었어요. 한 군데에서라도 여왕이었기 때문에 그게 너무 행복했어요. 그리고 언제든지 방송국에서 나를 불러준다면 나갈 준비를 하고 있었기 때문에 나는 그때도 행복했어요. 사실 그때 제가 공부한 덕에 실력이 갖춰졌기 때문에 〈열린음악회〉에서 그게 발휘가 된 거예요. 그래서 슬럼프였을 그때가 가장 소중한 때였다고 생각해요."

모든 부정적인 감정과 생각으로부터 탈출하라, 그리고 길을 찾아라.

혹자는 나이트클럽에서 일했던 것을 숨기고 싶어 하는 일로 생각할 수도 있다. 한때, 과거의 영광이 화려했던 사람은 더욱더 그럴 수도 있다. 그러나 그녀는 자신이 처해 있는 모든 상황을 긍정적으로 생각했고 그러한 그녀의 태도가 부정적일 수도 있는 상황을 긍정적인 결과물로 바꿔버린 것이다. 그녀의 태도가 부정적이었다면 그녀에게 새로운 기회는 오지 않았을 것이다.

우리의 생각과 감정, 행동은 서로 상호작용하며 긴밀하게 영향을 미친다. 불행하게도 긍정적인 감정보다 부정적인 감정의 흐름과 전염이 더 빠르다. 한번 빠져들면 늪처럼 더 깊이 빠져든다. 생각과 감정, 말, 행동이 긴밀하게 작용한다는 것은 결국 그것들이 무형의 추상적인 것에 그치지 않고 유형의 결과로 내게 남는다는 것을 뜻한다. 나쁜 열매를 맺게 된다는 말이다. 그렇기 때문에 바로, 단칼에, 단호하게 끊어버려야 한다. 이는 《뜨거운 침묵》에서도 이미 말한 바 있다.

내가 만나본 다른 사람들은 부정적인 감정을 어떻게 끊어냈는지, 어떻게 나락에서 탈출하고 어떻게 새 길을 찾았는지를 이 책에 이렇게 열심히 쓰는 까닭은 바로 '당신도 할 수 있다'는 것을 증명하고 싶어서다. 당신이 지금 당장 온갖 부정적인 것으로부터 단호히 탈출하기를 소망하기 때문이다. 탈출하라. 온갖 부정적인 것에 빠져 나의 생각과 나의 감정, 나의 행동, 나의 미래까지 좀먹지 말고 지금! 탈출하라.

나를 한계로 밀어붙이고 벽을 뛰어넘어라

이 책을 쓰는 동안 정말 힘들었던 것은 도무지 물리적 시간을 마련할 수 없었다는 점이다. 글쓰기 자체가 지난한 과정이기도 했지만, 방송 일 등으로 꽉 짜인 일상에서 글쓰기를 위한 시간을 내는 것 자체

우리가 나이 들고, 또 우리에게 찾아오는 어떤 고난과 시련을 막기는 어려울 거예요. 그러나 그것에 대처하는 우리의 자세에 따라 젊게 살 수 있을 것 같아요. … 젊다는 것은 넘어지지만 일어나는 것, 그래서 젊게 살기를 권해 드리는 거죠. -PD 주철환

가 쉽지 않았다. 또 다른 문제는 출간 시점을 정해놓고 시작한 데서 왔다. 나는 〈피플 인사이드〉의 100회 특집에 맞춰 책을 내고 싶었다. 그런데 도무지 계산이 서지 않는 일정을 보면서 이런 생각이 들었다. '불가능하다. 불가능한 일정이야.' 부정적인 생각이 마음을 습격하자 내 마음은 아주 짧은 순간에 점령당해버렸다. '안 된다'로. 그리고 거의 포기할 뻔했다. 내 마음엔 이런 식으로 짙은 그늘이 드리워지기 시작했다. 그러나 나는 벌떡 일어났다. 부정적인 생각의 파도가 저 멀리서 삼킬 듯 달려오는 것을 느끼자 벌떡 일어났다. 미적지근하게 일어나는 것은 안 된다. 벌떡 일어나 단칼에 잘라냈다. 바로 내가 독자들에게 강권한 방법을 쓴 것이다.

'모든 부정적인 감정과 생각으로부터 탈출하라, 그리고 길을 찾으라.'

일단 부정적인 생각으로 불안해진 마음을 가라앉히고 내가 해야 할 일의 목표에만 시선을 고정시키려 애썼다. 달리는 말의 눈을 양 옆에서 가려주듯. 책은, 바로 이 책은 출판사와 나 스스로도 놀랄 만큼 빠르게 진행되어 약속한 제 날짜에 맞춰 나오게 되었다.

내 인생에서도 일이 꼬인 적은 많았다. 내 의지와 상관 없이, 때로는 내 잘못이 아닌 데도 상황이 나빠진 적도 있었다. 그러나 이미 벌어진 일. 내가 어찌한다 해서 고쳐질 수 없다면 방법은 단 하나, 그 상황으로부터 탈출해버리는 것이다. 가능한 빨리. 다음 단계는 내가 다른 기회를 어떻게 만들어나가느냐에 달려 있다. 숙명여대 한영실 총장도 시간을 쪼개서 많은 일을 하는 사람이다. 그녀는 이렇게 말했다.

"에너지가 많은 사람이 따로 있는 것이 아니라 몰아치면 나오는 것 같아요. 몰입하는 건데, 이게 웃긴 게요, 가만히 보면 일을 잘하는 사람은 동시에 여러 개를 다 잘해요. 그런데 안 하는 사람들은 동시에 아무것도 안 해요."(웃음)

결국은 에너지 레벨도, 일의 처리 양이나 능력도 허들 넘기나 높이뛰기와 같은 것이다. 1미터를 넘으면 1미터 10센티미터, 1미터 20센티미터, 1미터 30센티미터… 이런 식으로 올라가는 것과 마찬가지다.

부정적인 것은 부정적인 것의 연쇄반응을 일으킨다. "안 하는 사람은 동시에 아무것도 안 한다." 이 말을 두려워해야 한다. 부정적인 것을 두려워하고, 숭배하고, 떠나보내지 않고, 자신 속에 끼고 있는가? 이렇게 되면 부정적인 태도는 성격이나 성향으로 고착화되고, 아무것도 안 하는 총체적 무력감과 나태는 습관으로 굳어져버린다. 그렇다면 정작 극복해야 할 대상은 바로 나, 아무것도 안 하면서 상황 탓만 하는 나, 아닌가?

할 수 있다. 못 한다는 것은 사실이 아니다. 안 한다는 것이 사실에 가깝다. 당신은 할 수 있다!

13장
통합적으로
사고하고 행동하라

2,700년 된 한마디

"수컷의 속성을 알면서도 암컷의 속성을 지키면 천하의 골짜기가 된다知其雄, 守其雌, 爲天下谿."

한 번 더 읽어보라. 이 문장을 읽어보면 어떤 단어가 떠오르는가. 통섭, 디지로그, 중성의 시대…, 이런 말이 생각나지 않는가. 나는 이 문장을 처음 접하고는 평소에 큰소리로 외쳐 주장하던 바를 뒷받침할 든든한 후원군을 하나 더 얻었다는 생각에 쾌재를 부르며 무릎을 쳤다. 이 말은《도덕경》의 한 구절이다. 노자는 기원전 6, 7세기의 인물이다. 우리 시대와 무려 2,700여 년 떨어진 시대, 오늘날의 사람들이 상상하기도 힘든 옛 시대에 살던 인물이 이렇게 말했다. 그는 우리 시대가 화두로 삼고 있는 가치와 정확하게 일치하는 이야기를 그때 이미 하고 있었던 것이다. '거 봐, 인류를 관통하는 핵심 진리는 몇 개 되지 않아!' 과거와 현재, 동양과 서양, 동서고금을 막론하고 'key concept'는 몇 개 되지 않는다. 과거와 현재를 관통하는 'key concept'만 제대로 파악해도 내가 살아갈 미래를 선도할 가치가 무엇인지 예측할 수 있다는 사실을 다시 한번 확인했으니 기쁠 수밖에.

노자의 말을 조금 풀어보면 이런 말일 테다. 남성성(강건함, 추진력 등으로 대표되는)을 잘 알면서도 여성성(섬세함, 감수성, 유연함으로 표현되는)을 지키면 세상 사람들과 만물이 와서 깃들 만한 넉넉한 골짜기가 된다.

이는 학문과 학문을 넘나들며 아우르는 통합된 지식을 가져야 한다는 '통섭'의 개념이나 디지털 시대에도 아날로그의 감성을 유지해야 한다는 '디지로그'의 개념, 뛰어난 경영자나 정치인의 리더십은 남성성과 여성성, 차가움과 뜨거움을 겸비해야 한다는 리더십에 대한 새로운 담론 등, 지금 이 시대를 사는 사람들 사이에서 가장 'hot'한 것으로 회자되는 주

과거와 현재, 동양과 서양, 동서고금을 막론하고 'key concept'는 몇 개 되지 않는다. 과거와 현재를 관통하는 'key concept'만 제대로 파악해도 내가 살아갈 미래를 선도할 가치가 무엇인지 예측할 수 있다.

제어들과 정확히 같은 것이다. 이미 여러 번 반복해 말했지만, 동서고금을 통해 반복되는 것은 '진실에 가까운 무엇'이다! 눈 크게 뜨고 들여다보아야 할 이야기가 무궁무진하다.

지적 편중의
불행

작가 버지니아 울프가 자신의 아버지를 분석한 글이 흥미롭다. 그녀의 아버지인 레슬리 스티븐은 그 시대에 손꼽히는 교양인이었다. 그는 《영국 인명사전》의 편집인으로 위대한 문학가가 되려고 끊임없이 노력한 사람이다. 그러나 버지니아 울프는 아버지가 실생활에서는 고리타분한 사람이었으며 예순다섯쯤 되자 분별력이 사라지고, 오히려 허위의식으로 무장하면서 주변과 완전히 격리되는 신세가 되고 말았다고 했다.

울프는 문제의 원인을 아버지의 "지적 편중"이라고 지적한다. 지적 편중. 나는 여기에 눈길이 멈췄다. 지식의 한쪽 날개만이 비대한 데서 비롯된 불균형의 불행을 말한다. 그녀의 아버지는 19세기 중반 케임브리지나 다른 영국의 대학에서 이루어졌던 지독하고 무서운 암기와 신속한 구두 답변 훈련으로 단련된 사람이었다. 그는 143명의 영재 그룹에서 20등을 차지할 정도로 우수한 학생이었으며, 그 자신이 교수가 된 이후에는 학생들에게 책에만 매달리며 학위를 따기 전까지는 아무것도 즐기지 말라는 충고를 했다고 한다. 그런 그에게 미술, 음악, 연극, 오페라 같은 예술에 할애할 시간이 있었을 리 만무하다. 실제로 울프는 아버지가 예술가들이란 지나치게 감정적이고 개인적인 세계에 매몰되는 존재라서 차라리 예술 행위의 유혹에서 멀찌감치 떨어져 있는 것이 다행이라고 말했다고 회상한다(로버트 루트번스타인 외, 《생각의 탄생》에서).

한 사람의 인생의 성패는 한 인생이 마감될 때가 되어야만 알 수 있는 법. 스티븐이 당대에 빛나는 분석가였다 하더라도 그의 딸이 전하는 말년은 불행한 그 무엇이었을 뿐, 결코 성공이나 행복을 운운할 만한 인생이라고 말할 수는 없는 것이었다. 울프의 분석대로라면 스티븐의 불행은 그가 평생 한쪽으로 편중된 지식만을 추구한 데서 비롯되었다. 새는 한쪽 날개만으로는 날 수 없는 것이다.

새는 양 날개로 난다, 실용과 철학 사이

얼마 전 유튜브를 통해 다트머스대학 김용 총장의 퍼포먼스를 입을 다물지 못하고 본 적이 있다. 학생들의 행사에 김용 총장이 참여한 영상인데, 이게 단순한 참여 정도가 아니라 엄청난 퍼포먼스였다.

사실 저도 참 궁금해요. 10년 뒤 어떤 모습일지 궁금한데, 그것은 제가 어떻게 만들어가느냐에 달린 것 같아서요. 제가 잘 한번 만들어가 보려고요. 저는 나이 들어 보이는 것은 괜찮은데 늙어 보이긴 싫거든요. -영화배우 박중훈

유튜브 동영상 속의 김용 총장은 일단 근엄한 분위기의 양복은 벗어던지고 가죽 재킷과 진을 입고, 트렌디한 모자에 흰색 테의 선글라스를 쓰고 나타나서 춤을 춘다. 그냥 춤이 아니라 '진짜 춤'을 춘다. 대충 구색을 맞추거나 '총장이 이런 것도 한다'는 것을 보여주기 위함이 아니다. 춤에 열중한 진지한 표정이 놀랍다. 게다가 랩까지 한다. 손으로 허공을 가르면서 말이다. 이쯤 되면 '이 사람, 참여러 가지로 대단하네' 하는 생각이 든다. 어색하지 않다. 자연스럽다. 그래서 놀랍다. 함께 춤추는 학생들과 그는 따로 떨어져 있지 않았다. 함께 어우러져 학생들과 녹아 있었다. 학생들 사이에서 그가 어떤 총장일지, 그래서 그의 리더십이나 영향력이란 것이 학생들에게 어떻게 스며들지 짐작되는 장면이었다.

그는 이 시대가 원하는 통섭의 지혜를 끌어안고, 노자가 말한 "수컷과 암컷의 조화"를 이룬 리더십을 발휘하고 있었다. 그의 이런 능력은 어디서 온 것일까? 일단 그와의 인터뷰를 통해 발견한 비밀은 그가 받은 교육에 있었다. '실용'과 '철학'의 완벽한 조화. 치과의사였던 그의 아버지는 그에게 실용의 가치를 일깨웠고, 퇴계 철학을 공부한 그의 어머니는 세상

을 바라보는 철학의 눈을 길러줬다. 완벽한 조합이었다.

한번은 대학생 김용이 방학을 맞아 부모님 집으로 갔을 때였다. 공항에서 김용을 태운 아버지는 아들과 대학 생활에 대해 이야기를 나누다가 갑자기 차를 세웠다. 김용이 대학에서 철학이나 정치학을 공부하고 싶다고 이야기한 순간이었다. 아버지는 아들의 진로를 놓고 따끔한 충고를 하기 시작했다.

"야, 이놈아. 의학 공부나 끝마치고 철학을 이야기하거라. 동양인인 네가 제아무리 철학을 떠들어도, 아무도 네 말에 귀 기울이지 않는다. 네가 혼자 살아낼 실력을 보이고 난 뒤, 그때 철학을 공부하든 말든 해라. 그래야만 네가 하는 말이 설득력이 있을 거다."

김용은 그때 그 순간이 자신의 인생에서 참으로 중요한 순간이었다고 회상한다. 아버지의 말씀은 김용에게 실용의 관점을 확실히 일깨웠다.

그러나 만약 김용이 아버지의 교육만을 받았다면, 그래서 의사라는 직업의 이점과 세상살이를 위한 실용의 길만을 터득했다면, 버지니아 울프의 아버지가 걸었던 길과 별 다를 바 없는 길을 걸었을지도 모른다. 김용과 스티븐의 차이는 어머니의 교육에서 생겨난 듯하다. 이미 앞에서 얘기했듯이 김용의 어머니는 끊임없이 왜 살아야 하는지, 무엇을 생각하며 살아야 하는지에 대한 근본적인 질문을 던지며 독서를 통해 세상의 현자를 만나볼 것을 쉬지 않고 권유했다. 김용은 그의 어머니 덕에 자신이 미국 시골의 작은 마을에서 자랐지만 생각의 세계는 한없이 넓었다고 회상한다. 김용은 양쪽의 날개로 날았기 때문에 현재의 김용이 된 것이다.

동양의 피터 드러커, 《논어》를 펼치다

시부사와 에이치 또한 균형 잡힌 양쪽 날개로 성공적인 리더십을 이룬 좋은 예다. "서양 경영학에 피터 드러커가 있다면 동양에는 시부사와 에이치가 있다"는 말이 있다. '일본 경제의 아버지' '일본 금융의 왕' '일본 현대문명의 창시자' '노벨평화상 후보' 등등 그를 둘러싼 수식어는 한꺼번에 대기에는 숨이 찰 정도로 많다. 그만큼 그의 활동과 영향력은 다방면에 걸쳐 있다.

그의 철학은 "한 손에는 주판을 다른 한 손에는 논어를"이라는 한 줄로 잘 요약된다. 그는 자신의 저서 《논어와 주판》에서 "공자는 부귀가 악이라고 했다"는 주자학파의 해석을 오류라고 단언했다. 그리고 정당하게 일군 부는 부끄러운 것이 아니라면서 기업의 사회적 책임을 역설했다. 왼손에는 건전한 부의 윤리를 강조하는 《논어》를, 오른손에는 철저한 상업적

마인드를 상징하는 '주판'을 들고 당당하게 경제활동을 하라는 메시지를 던졌다. 그의 책은 '일본 상인의 나침반' '일본을 굴기屈起시킨 비즈니스의 상경商經'으로 불리며 요즘도 끊임없이 읽히고 있다.

그가 오랜 세월 관계와 경제계, 문화계 등에서 전방위의 영향력을 행사할 수 있었던 원동력은 기업의 이윤 극대화에만 골몰하는 소탐대실에서 떠나 《논어》와 '주판'이라는 양 날갯짓을 유지한 데 있었다. 최근 몇 년 사이 삼성, 현대, 포스코 등 대기업에서 때아닌 《논어》 열풍이 분 까닭도 기업들이 시부사와 에이치 식의 양 날갯짓의 필요를 절감하고 있기 때문이리라.

> 일의 만족도가 높은 사람, 일하면서 성취와 함께 보람을 느끼는 사람은 일하면서 스스로를 충전한다.

《논어》는 "학이시습지學而時習之", 곧 '배우고 익히다'로 시작해, "지인야知人也", 곧 '사람을 안다'로 끝난다. 삼성이 미래에 대비하기 위해 내부 조직 개편에 착수했음을 알림과 동시에, 삼성의 핵심 가치를 잘 함축하고 있는 《논어》를 읽겠다고 천명했던 것은 《논어와 주판》의 아이디어와 그 맥이 닿는 것이다. 생존을 위해 두 눈을 벌겋게 뜨고 미래를 모색하는 대기업들이, 한쪽 날개만으로는 살아남을 수 없는 시대 흐름을 읽고 이에 위기감을 느꼈음을 실감할 수 있는 대목이다.

성취하고
이끌어라

〈피플 인사이드〉의 인터뷰이 안철수와 박경철 또한 양 날개로 날 때의 안정적인 성취와 양성의 리더십을 잘 보여준다. 두 사람 다 의사 출신이지만, 진료실이 아니라 강연·저술·방송·북콘서트 등 다양한 활동을 통해 대중과 만난다. 두 사람 다 스페셜리스트로서의 능력도 갖추고 있지만 제너럴리스트로서의 활동을 병행함으로써 대중과의 접촉면을 늘리고 있다.

무엇보다도 두 사람 다 스스로 자족하는, 만족스런 삶을 영위하고 있음이 느껴진다. 인터뷰를 하며 만나본 두 사람이 공통적으로 풍기는 인상은 편안해 보인다는 점이었다. 누구보다 시간에 쫓기며 바쁜 일정에 시달리고 있을 테지만 정작 본인들의 얼굴에는 바빠서 시달리는 티가 나지 않는다.

내 짐작이 맞다면 그들은 일하면서 스스로를 충전하는 사람들일 것이다. 일의 만족도가 높은 사람, 일하면서 성취와 함께 보람을 느끼는 사람은 일하면서 스스로를 충전한다. 이런 사람들은 남들이 볼 때 '무슨 에너지가 저렇게 많아? 어떻게 한 사람이 저렇게 많은 일을 하지?' 하는 의문이 들게 하지만, 정작 당사자들은 그다지 지

세상의 모든 사물에 용도가 있지 않겠습니까? 여기는 지금 물이 담겨 있고, 이 탁자는 우리가 뭘 올려놓기 위해서 있는 거고. 저도 제게 무슨 용도와 쓰임새가 있을 텐데, 제게 있는 그 용도가 어떤 형태의 용도든지 계속 있기를 바랍니다. —의사 박경철

13장 통합적으로 사고하고 행동하라

치지 않으면서 숨 가쁜 일정을 거뜬히 소화해낸다.

두 사람은 모두 노자가 말한 '양성성'을 가진 사람들이다. 특화된 전문성을 갖추기 위해 누구보다 독하게 노력하고, 한 사안에 중단 없는 꾸준함을 갖고 달려들지만, 겉으로 드러나는 그들의 모습에는 배려라든지 시대, 특히 젊은 세대의 갈망을 찬찬히 읽어내는 감수성이 도드라진다.

최근 들어 많은 사람들이 '강연'에 주목하기 시작했다. TED에 관심이 치솟는다거나, 하버드 혹은 서울대 명품 강의의 영상을 찾는다거나, 강연 기록에 관심을 갖는다거나 하는 경향은 이미 시대의 한 흐름을 이루고 있다.

콘텐츠 파워만 있고 전달력이 없다면 빛을 보지 못하고, 전달력은 있으나 콘텐츠 파워가 없다면 몇 번의 반짝임으로 끝난다. 뛰어난 커뮤니케이터가 되기 위해서라도 양 날개가 필요하다. 양 날개가 있어야만 비상할 수 있다.

근대적 지식의 습득과 표출의 대표적 방법이 읽기와 쓰기였다면, 인터넷 시대에는 보면서 듣고 말하기가 떠오르고 있는 것이다. 안철수가 강연회에 열심을 보인다거나 저술 활동을 활발히 하는 것은 이러한 시대적 흐름과 잘 맞아떨어진다. 그러나 한 가지 유념할 사실은 진정한 전달의 힘이란 궁극적으로 '콘텐츠 파워'에서 온다는 점이다. 디지털 시대지만 아날로그적 접근이 필요하다는 주장과 비슷한 이치다. 안철수는 이를 누구보다 잘 알고 있는 듯하다. 그는 말을 많이 하는 동시에 읽고 쓰는 작업에도 열심이다. 그는 스스로를 활자 중독자라고 할 만큼 일하지 않는 모든 시간에 읽기에 집중한다.

내가 전작 《뜨거운 침묵》에서 줄기차게 주장했듯, 커뮤니케이션 파워는 콘텐츠 파워에서 비롯된다. 우선은 콘텐츠 파워이고, 그다음 중요한 요소를 꼽으라면 전달력이다. 뛰어난 커뮤니케이터가 되기 위해서는 콘텐츠 파워와 전달력이라는 두 날개를 함께 갖추어야 한다. 콘텐츠 파워만 있고 전달력이 없다면 빛을 보지 못하고, 전달력은 있으나 콘텐츠 파워가 없다면 몇 번의 반짝임으로 끝난다. 뛰어난 커뮤니케이터가 되기 위해서라도 양 날개가 필요하다. 양 날개가 있어야만 비상할 수 있다.

심리학자 융의 개념을 들여다보면, 우리 인간은 이미 생득적으로 두 날개를 품고 있는지도 모른다. 다만 있는 줄 모르고, 꺼내 쓰지 않을 뿐인지도 모른다.

'아니마'와 '아니무스'의 행복한 동행

'새는 양 날개로 난다, 그래서 양쪽 날개를 모두 갖추어야 한다'고 하면 듣기에 따라서 상당히 부담스러운 말이 될 수 있을 것이다. 한쪽 날개만을 만들기도 힘겹기 그지없건만, 또 다른 한쪽 날개까지 둘이나 만들어야 하다니! 한숨이 나올 만도 하다. 그러니 이쯤에서 독자들에게 희망 가득한 이야기를 풀어놓으려 한다. 심리학자 융의 개념을 들여다보면, 우리 인간은 이미 생득적으로 두 날개를 품고 있는지도 모른다. 다만 있는 줄 모르고, 꺼내 쓰지 않을 뿐인지도 모른다. 융의 개념, '아니마'와 '아니무스'를 들여다보자.

한국 융 학파의 태두 이부영 박사에 따르면, 융은 남성의 마음속에 있는 여성, 여성의 마음속에 있는 남성을 각각 아니마와 아니무스라고 명명했다. 이것은 진정한 '나'에 이르는 길목에서 우리가 만나는 무의식의 요소다. 그리고 융은 인간의 표면적이고 외적인 인격을 따로 '페르소나'라고 명명했다. 페르소나는 환경에 따라 카멜레온처럼 바뀐다. 가정에서의 가장, 직장에서의 상사, 학교에서의 교사나 학생 따위가 페르소나의 예다.

> 남성은 자신 안의 이성인 아니마, 여성은 자신 안의 이성인 아니무스를 좀 더 잘 성장시킬 때 온전한 인격에 다가갈 수 있다.

외적 인격인 페르소나는 내적 인격과 끊임없이 갈등을 일으키기 마련이다. 그런데 자신의 내면에서 남성성과 여성성의 균형을 찾은 사람이라면 페르소나와 내적 인격 간의 갈등, 분열을 딛고 보다 성숙한 인격에 이를 수 있다는 것이다(이부영, 《아니마와 아니무스》에서). 강력한 지도력을 발휘하되 여성다운 따뜻한 배려가 돋보이는 남성 CEO, 상냥한 태도와 친절함으로 모두에게 호감을 주되 빈틈없는 추진력을 발휘하는 여성

상사는 그 좋은 예가 아닐까.

결론적으로 남성은 자신 안의 이성인 아니마, 여성은 자신 안의 이성인 아니무스를 좀 더 잘 성장시킬 때 온전한 인격에 다가갈 수 있다는 것이다. 어느 한쪽을 억압하거나 어느 한쪽으로 쏠리면 인간적 성숙이 방해된다는 것이 융의 설명이다.

융의 아니마와 아니무스를 들여다보면 결론은 분명해진다. 우리의 무의식에 이미 우리가 필요로 하는 것이 들어 있다. 인간은 누구라도 자신의 마음속에서 양 날개를 꺼낼 수 있다. 우리가 할 일은 내 안에 있는 것을 효율적으로 꺼내고 계발하는 것이다.

아름다운 비행

새가 양 날개로 난다는 것을 강조한 것은 한쪽으로의 쏠림을 경계하고, 균형을 잡았을 때에만 발현될 수 있는 완전함을 강조한 것이지 어떤 새가 되어야 한다거나 특정 새만이 아름답다고 주장하기 위함은 아니다. 독수리, 제비, 딱따구리…, 새의 종류도 많거니와 어느 새가 제일 예쁘다거나 어느 새의 울음이 가장 아름답다고 말할 수 있는 것도 아니다.

사진작가 김중만과의 인터뷰에서, 그의 선친 김정 박사에 관한 이야기가 나왔다. "한국의 슈바이처"라고 불리는 김정 박사는 한국에서 의사가 대접받던 시절, 안정된 삶을 박차고 1971년 아프리카 부르키나파소로 갔다. 그리고 세상을 뜨기 전까지 30년 동안 부르키나파소에서 의료봉사를 했다. 김중만은 어린 시절 아버지를 따라서 갔던 아프리카의 모습을 이렇게 묘사한다.

"처음엔 뭣 모르고 이제 탐험을 하러 가는구나 했죠. 그런데 웬걸…, 비행기가 내려 가는데 나무 한 그루가 없는

우리의 무의식에 이미 우리가 필요로 하는 것이 들어 있다. 인간은 누구라도 자신의 마음속에서 양 날개를 꺼낼 수 있다. 우리가 할 일은 내 안에 있는 것을 효율적으로 꺼내고 계발하는 것이다.

거예요. 그냥 사막이에요. 어린 시절인데도 '아, 내 운명이 여기서 끝나는구나' 했죠. 그런데 아버지는 웃으시는 거예요. '이게 웃을 때인가' 걱정한 것은 나 혼자였죠. 어머니는 불평은커녕 아버지가 봉사만 하시니까 당신은 시골마을의 버스 정류장에 포장마차를 만드시더니 샌드위치 장사를 하는 거예요. 아프리카 상황 아시잖아요. 모든 것이 너무 열악했죠. 그런데 제가 기억하는 아버지의 얼굴, 어머니의 얼굴은 늘 웃고 계시는, 정말 행복해하셨던 얼굴이에요. 어머니는 지금도 제가 아프리카에 촬영을 간다고 하면 제발 데려가달라고 하세요. 그 땅을 정말 사랑하신 거죠."

김정 박사는 아름다운 양 날개를 지닌 분이었다. 김중만은 아버지가 돌아가신 뒤에야 깨달았다고 한다. 그가 아버지로부터 '위대한 유산'을 물려받았음을.

내 인생의 진정한 르네상스를 일으켜라

여러 분야에서 해박한 지식을 갖춘 사람을 가리켜 '르네상스인'이라고 한다. 이는 이탈리아 르네상스의 대표적인 인물 가운데 한 사람인 레오네 바티스타 알베르티(1404~1472)가 주창한 "인간은 자신이 하고자만 한다면 모든 것을 할 수 있다"는 개념에서 발전된 것이다. 그리고 그 개념은 모든 인간은 발전 가능성이 무한한 존재이므로 자신의 능력을 최대한 계발하기 위해 노력해야 한다는 맥락에 자리한다. 나는 우리 모두가 르네상스인이 될 수 있는, 양 날개로 비상할 가능성이 있는 존재라고 생각한다.

날개를 만들기 위해서 배우고 익히되, 양 날개의 균형을 잡기 위해 우리는 끊임없이 자기를 성찰하며 방향을 결정해야 한다.

'통섭' '융합' '양성성'이니 하는 말들이 또 다른 경쟁으로 우리를 내몰려는 책략으로 보일 수도 있다. 그러나 생각의 방향을 뒤집어보면, 오늘의 '성공의 길'은 과거에는 상상도 못했던 다양한 분야로, 여러 갈래로 나 있지 않은가. 내 한쪽 날개로 무엇을 할 것인가? 다른 한쪽 날개는 어떤 날개가 되어야 할 것인가? 가능성은 무한하다. 선택은 온전히 내 몫이다. 공자는 《논어》에서 이렇게 말했다.

"배우기는 하지만 생각하지 않으면 아무것도 남지 않고, 생각은 하지만 배우지 않으면 위태롭다學而不思則罔, 思而不學則殆."

날개를 만들기 위해서 배우고 익히되, 양 날개의 균형을 잡기 위해 우리는 끊임없이 자기를 성찰하며 내가 나아갈 바람직한 방향을 결정해야 한다. 잊지 말아야 할 것은 우리 모두 인생의 르네상스를 꿈꿀 수 있다는 것이다.

"인간은 자신이 하고자 한다면 모든 것을 할 수 있다."
이 말을 이렇게 바꿔보라.
"나는 내가 하고자 한다면 모든 것을 할 수 있다."

역사 속에서 르네상스 시대를 공부할 때 우리는 이를 '문예부흥'이라 배웠다. 모든 문화와 예술이 종교적 율법으로 억눌려 있던 중세의 암흑세계에서 문화가 다시 꽃피는 부흥의 시대로 들어간다는 것이다. 당신은 당신이 살 공간과 세상을 선택할 특권이 있다. 그리고 그 세상을 당신이 원하는 대로 건설하고 만들 수도 있다. '안 된다, 어렵다, 불가능하다'의 부정적인 것으로 가득 찼던 암흑의 공간에서 나와 '할 수 있다, 된다'의 긍정적인 것으로 가득한 밝은 세상, 부흥의 세상으로 나오는 것이다.

이제 마음속으로 되뇌어보라. 소리 내어 크게 외쳐보아도 좋다. 이제 당신 안에 크리티컬 매스가 쌓이는 그때, 당신 인생의 르네상스는 시작될 것이다.

'두 날개로 비상하라.'

,

님 에게

'뿌리가 깊은 나무는 아무리 센 바람에도 움직이지 아니하므로…'(《용비어천가》 제2장에서)

나와 그대, 우리 모두, 서로 손가락 걸고, 이렇게 맹세해보아요. 나는 이제부터 뿌리 깊은 나무가 되겠다. 그래서 바람에 흔들리지 않겠노라고.

세상을 살다가 깊은 한숨을 쉬며 '힘들다' 외마디 말이 자신도 모르게 나오는 이유는 뿌리가 없거나 가지가 없거나 잎이 없는 나무이기 때문이 아닙니다. 그놈의 '바람' 때문이에요.

살다 보면 가슴속까지 후벼 파는 깊은 상처를 내는 삭풍이 불 때도 있고, 단번에 휘청거리게 만드는 태풍이 몰아칠 때도 있고, 이제야 내 인생이 봄을 만났나 싶으면 어김없이 불어오는 꽃샘추위 바람도 있죠. 바로 그 바람이 우리를 송두리째 흔들어버릴 때가 있는 거예요.

그러면 우리는 어떻게 해야 할까요? 바람을 막는 방법을 찾아야 할까요? 아니에요. 바람을 막을 방법은 없어요. 바람은 언제나 불어와요. 때때로 다른 모습으로, 예고도 없이.

내가 어찌할 수 없는 불가항력의 바람을 어떻게 해보려 쓸데없이 헛수고하지도 말고, 필요 이상으로 두려워하며 피하지도 말고, 다만 내가 할 수 있는 일에서 방법을 찾아야 해요. 그건 바로 내 뿌리를 깊이깊이 내리게 하는 거예요.

　내 뿌리는 내 자존감이에요. 이 땅에 태어난 의미를 다 이뤄보고 싶은 마음에서 발원하는 자존감. 건강한 자존감이 있는 사람은 뿌리가 깊은 사람이죠. 그런 사람은 휘몰아치는 세상의 바람, 삶의 바람에 쉬이 흔들리지 않죠.

　자존감이 높은 사람은 '자존심 상해'라는 말을 자주 할 일이 없어요. 왜냐하면 건강한 자존감이 높으면 타인의 평가나 상황에 의해 나를 평가하는 일이 줄어들기 때문이에요.

　'자존심을 지키려', 혹은 '자존심이 중요하기 때문에'라는 말을 자주 하는 편이었다면, 한번 자신을 돌아보세요.

　가끔 하늘이라도 올려다보며 내 가슴에 대고 물어보세요.

　한 번뿐인 인생이라서가 아니라, 바로 내 인생이라서 소중한 거죠. 내 인생을 위해 스스로에게 부여하는 숙제를 기쁜 마음으로 해보세요.

　바람! 까짓 거 불어오라고 해요. 당신은 뿌리 깊은 나무니까. 아직은 아니라 해도, 그렇게 될 테니까.

그대 성공을 꽃피운 날,
내게 꽃잎 하나 보내주길

자, 이제 책장을 덮을 때가 되었다. 책장을 덮는 순간, 당신은 4천 년 지혜의 선물을 손에 들게 될 것이다. 이 책은 당신 인생의 옹달샘이 되어줄 것이다. 좌절이나 절망, 낭패감, 상실감, 공허함, 조급함, 불확실성, 두려움과 같은 일체의 쓸데없는 부정적인 것들이 감히 당신을 공격할 때 그곳으로 찾아가 모든 것을 물리쳐버리고 새 힘을 얻을 수 있는 옹달샘.

언젠가 실업계 학생 최초로 골든벨을 울려서 세상에 알려진 김수영이 〈피플 인사이드〉에 출연한 적이 있다. 그녀는 말 그대로 문제아였고 가출 소녀였다. 그랬던 그녀는 자신과의 싸움에서 승리해 대학에 진학하고 외국 회사에 취직해 전혀 다른 새로운 인생을 살게 되었다. 인터뷰이가 되어 나를 찾아오던 날, 그녀는 나를 보자마자 곱게 하고 온 화장이 다 지워질 정도로 눈물부터 흘렸다. 그녀는 울먹이며 이렇게 말했다.

"이런 날이 이렇게 빨리 올 줄 몰랐어요. 제가 대학생일 때 저희 학교로 강연을 오신 날, 저는 맨 앞줄에 앉아 있었어요. 그때 강연을 마치면서 이런 말씀을 하셨어요. '저는 10년 후, 20년 후에도 인터뷰어로 일하고 있을 겁니다. 이곳에 강연을 하러 온 이유는 단 하나, 씨앗을 뿌리기 위해서입니다. 여러분 중 그 누구든 언젠가 자신의 꿈을 이루고 자신만의 스토리를 만들어 제게 인터뷰이로 찾아오시기 바랍니다. 기대하고 기다리겠습니다. 여러분을 인터뷰이로 만날 날을.'

제 착각이겠지만, 그때 그 말씀을 하시면서 저와 눈이 마주치신 것 같았어요. 그래서 가슴이 마구 뛰었거든요. 그때 저는 정말 큰 결심을 했어요. 꼭 인터뷰이로서 찾아가겠노라고. 그렇지만 이렇게 빨리 백지연 씨를 만날 기회가 올 줄은 몰랐습니다. 어젯밤에 잠도 못 이루고 울었는데… 또 이렇게 눈물만…"

그녀는 말을 잇지 못했다. 그녀의 말을 듣고 내 가슴은 뜨거워졌다. 그동안 내가 열심히 일해온 것에 대해 크나큰 보상을 받은 듯했다.

공자는 '사랑이 무엇입니까'라는 질문을 받자 이렇게 대답했다고 한다. '사랑은 사랑하는 대상이 잘 되기를 바라는 것이다.' 나는 내 독자를 사랑한다. 내 독자 한 명 한 명이 인생의 진짜 의미를 깨닫고, 세상에 휘둘리지 말고, 자기 인생의 주인이 되어 '잘 살기'를 바란다. 행복해지기를 바란다. 그래서 우리 세상이 좀 더 좋아지기 바란다. 그런 사랑을 가슴에 담고 이 책을 썼다.

우리와 동시대를 사는 사람들의 이야기를 듣고 그들의 공통점을 뽑아내고, 그것만으로는 부족한 듯해 우리와 다른 시대를 산, 앞서 인생을 살아낸 선인들의 지혜를 모아서 횡과 종을 가능한 넓고 깊게 추적했다. 그렇게 해서 누구에게나 적용 가능한 '인생을 잘 만들어갈 수 있는 지혜'를 사랑하는 독자들 손에 쥐어주고 싶었다.

크리티컬 매스,
당신은 만들어낼 수 있다!
당신이 만들어낼 수 있다는 것을 나는 믿는다.

이제까지 혹 잘못 걸어왔다 해도 괜찮다.

이제부터 다시 만들어내면 된다.

나는 앞으로 10년 후에도 20년 후에도 마찬가지로 인터뷰어의 자리에 앉아 있을 것이다. 독자들을 향한 내 절절한 사랑을 담은 이 책이 혹시 당신 안의 크리티컬 매스를 만들어내는 데 불꽃을 튕겨주어 머지않은 미래에 당신이 인생의 꽃을 피웠을 때, 그때 나와 인터뷰이로 마주 앉게 되기를, 초대할 그날이 있기를 진심으로 소망한다.

조급할 것 없다. 옆을 두리번거리며 비교하고 불안해할 필요도 없다. 세상에 아름다운 꽃은 수만 가지가 넘고 개화하는 계절과 피어나는 속도도 제각각이다. 인생은 속도의 문제가 아니라 방향성의 문제고 열매의 문제다. 이미 지나온 시간을 되돌아볼 필요도 없다. 후회는 독이다. 끊어버려야 한다. 이제 다만 그대 안을 들여다보고 살펴보라. 그대 자신과 새롭게 독대하라. 그리고 스스로에게 가장 확실한 신뢰를 얹어 말해주어야 한다.

'할 수 있다. 믿는다.'

99퍼센트까지 채우고 1퍼센트만을 못 채워 주저앉았던 그대, 이제 그 1퍼센트만 채우면 된다. 당신 안의 씨앗은 이제

개화할 것이다. 혹시 지치는 날, 혹시 혼자 달리기 외로운 날, 혹시 문득 두려움이 찾아오는 날, 가슴속으로 소리치라.

크리티컬 매스! 마지막 1퍼센트!

그대,
그대 인생에 꽃을 피운 날, 내게 꽃잎 하나 선물해주길.

2011년 4월

박지연

크리티컬 매스

1판 1쇄 펴냄 2011년 5월 9일
1판 22쇄 펴냄 2024년 12월 2일

지은이 백지연
펴낸이 안지미

펴낸곳 (주)알마
출판등록 2006년 6월 22일 제2013-000266호
주소 04056 서울시 마포구 신촌로4길 5-13. 3층
전화 02.324.3800 판매 02.324.3232 편집
전송 02.324.1144

전자우편 alma@almabook.by-works.com
페이스북 /almabooks
트위터 @alma_books
인스타그램 @alma_books

ISBN 978-89-94963-04-4 03320

알마출판사는 다양한 장르간 협업을 통해 실험적이고 아름다운 책을 펴냅니다.
삶과 세계의 통로. 책book으로 구석구석nook을 잇겠습니다.